Tutto troppo presto

Alberto Pellai

Tutto troppo presto

L'educazione sessuale dei nostri figli nell'era di internet

DeAGOSTINI

© 2015 De Agostini Libri S.p.A.
Prima edizione gennaio 2015
Seconda edizione gennaio 2015
Terza edizione febbraio 2015
Quarta edizione aprile 2015
Quinta edizione ottobre 2015
Sesta edizione gennaio 2016
Settima edizione febbraio 2016
www.deagostini.it
Redazione: corso della Vittoria 91, 28100 Novara

SOMMARIO

INTRODUZIONE

—

Adolescenti, sesso e media: perché i figli hanno bisogno di noi per una sana educazione sessuale

Come professionista e come genitore, sempre più spesso mi trovo ad affrontare con adolescenti e preadolescenti temi legati alla sessualità. E poco a poco, ho iniziato a maturare l'idea che ai nostri figli non stiamo proponendo l'educazione sessuale di cui hanno bisogno. Mi guardo in giro e mi rendo conto che stiamo crescendo le nuove generazioni in una sorta di schizofrenia. Ufficialmente, abbiamo sdoganato l'eros dal territorio di negazione, paura e repressione in cui i nostri nonni e avi dei secoli passati l'avevano relegato: oggi tutto è più fluido, possibile, accessibile, normalizzato. I ragazzi vivono in un mondo in cui il sesso è connotato dai seguenti quattro aggettivi.

1. È **fluido**, perché può essere estemporaneo, vissu-

to con il compagno di una sera, senza conseguenze particolari. Contraccezione e pillola del giorno dopo sono disponibili anche per i più precoci ed è calato il livello di guardia contro il rischio di malattie veneree, oggi che l'infezione da Hiv permette la sopravvivenza a lungo termine e non significa più la condanna a morte. Negli anni Ottanta-Novanta, quando di Aids si moriva, gli adulti accompagnavano il debutto sessuale dei giovanissimi con moniti molto più convinti e significativi.

2. È **possibile**, perché ora non ci sono più resistenze di sorta nei confronti dell'attività erotica di qualsiasi natura, a qualunque età. Un tempo era tenuta nascosta dietro "porte chiuse e sbarrate" che nessuno apriva. La famosa scena primaria di cui parla Freud, immaginare due adulti (i propri genitori in particolare) abbracciati e impegnati nell'amplesso più intimo concesso al genere umano, ora non ha più lo stesso senso di allora. È accettata, scontata e non più segreta. Accompagna la quotidianità dei nostri figli, è esibita di continuo nei programmi televisivi e spesso documentata in modo puntuale dalle telecamere che seguono e spiano i protagonisti dei reality show.

3. È **accessibile**, perché non esistono limiti esterni all'accesso allo stimolo erotico. Un tempo il concetto di "vietato ai minori" rappresentava una barriera socialmente condivisa, che delimitava territori a cui non poteva accostarsi chi non avesse raggiunto la maggiore età. È vero, il divieto su film e riviste era aggirabile da chi non voleva rispettarlo, ma costituiva una demarcazione chiara, uno spartiacque ben definito che nella mente collettiva e dei giovanissimi separava le aree consentite da quelle da considerarsi "*off limits*". Perciò, anche le trasgressioni e le esplorazioni dei minori su terreni vietati erano molto più limitate e allo stesso tempo permettevano ai ragazzi di usare quegli stimoli sessuali – scarsi e difficili da reperire – per alimentare in modo vigoroso le proprie fantasie. In un tempo e in un mondo in cui la sessualità ha ancora aspetti misteriosi e non tutto è scoperto e accessibile così facilmente, l'immaginazione può essere sostenuta di continuo dalla dimensione del sogno e del desiderio. E in adolescenza, sognare e desiderare la sessualità è vitale, perché significa darle il tempo di maturare nella mente prima che diventi azione, prepararla e pensarla prima della sperimentazione concreta.

4. È **normalizzato**. Questo dato è in sé assolutamente positivo e segna una notevole differenza tra le generazioni attuali e le precedenti. Tutti noi adulti abbiamo ancora in mente i racconti delle nonne, che riferivano di essere arrivate al matrimonio con la paura della prima volta, convinte che la propria sessualità fosse uno strumento da mettere nelle mani del marito, a suo uso e consumo e per obbedienza al dovere coniugale. Dovere coniugale, quindi, e non diritto inalienabile di ciascuno, oggi sancito e reclamato, per l'affermazione della propria libertà e realizzazione personale. In questa rivendicazione di diritto, tuttavia, ho l'impressione che si siano persi i confini entro cui una persona è legittimata a esercitarlo. Per vivere liberamente la sfera erotica è fondamentale essere in grado di gestire la complessità che comporta. La nostra epoca ha normalizzato nei giovanissimi il concetto di "fare sesso", svalutando, paradossalmente, l'idea di "fare l'amore". Fare l'amore, invece, dovrebbe essere il contesto privilegiato del sesso. Oggi i ragazzi crescono con la convinzione che "fare sesso" sia normale a prescindere, e che rappresenti un'attività ludica finalizzata a procurarsi eccitazione, sensazio-

ni forti e piacere. Ma siamo davvero convinti che consentire ai figli di autogestire una sessualità così intesa sia la condizione giusta per viverla al meglio e integrarla in un percorso e in un progetto di vita degno di questo nome?

Partendo da simili premesse, come professionista e genitore vorrei fornirvi con questo libro un modello e un'idea di sesso alternativi, intorno a cui progettare il vostro ruolo educativo. L'obiettivo è una sessualità non fluida ma consistente, che diventi una dimensione strutturata e tangibile nel percorso di crescita, e preveda tappe e azioni differenziate in base al grado di sviluppo e maturazione del minore. Come adulti dobbiamo diventare capaci di prevedere il suo livello di competenza in questo campo in un momento specifico e aiutarlo a compiere la scelta giusta per la propria vita.

Il sesso, cioè, non sarà "possibile ovunque e a prescindere", ma sarà contestualizzato e riferibile a una determinata situazione emozionale, cognitiva e di relazione, affinché diventi parte della struttura e dell'identità dell'individuo. In altre parole, ciascun ragazzo sarà messo in condizioni di integrarlo nella propria vita, ma all'interno di una cornice che dà senso e significato a ciò che sta facendo. Chi sale sulle montagne russe sa che potrà sperimentare in tempi brevissimi (quelli della corsa) emozioni intense e non riscontrabili nella vita di tutti i giorni. Al tempo stesso, però, sa che l'esperienza di simulazione di un rischio impossibile da gestire nella realtà è tutelata da un sistema di sicurezza in grado di garantire al 100% che tutto finirà senza problemi né conseguenze per nessuno.

La sessualità non è una corsa sulle montagne russe. E invece, troppi ragazzi la vivono così, senza cinture di sicurezza. Una sperimentazione inconsapevole e superficiale, priva di responsabilità ed estemporanea, rischia di trasformarsi in un boomerang nel percorso di crescita e di fare più male che bene.

LE NUOVE TECNOLOGIE E I NATIVI DIGITALI

Nella vita dei giovanissimi, la rincorsa verso una sessualità "facile, immediata e di pronto consumo" è stata favorita e accelerata dalle nuove tecnologie. Come professionista, credo fermamente che il problema più grande sia il modo in cui web, cellulari e PC hanno incrociato il percorso di sviluppo e di educazione sessuale dei nostri figli, perché li mettono in contatto diretto con il mondo e consentono loro di esplorare in totale autonomia territori per i quali potrebbero non avere le giuste competenze, sul piano sia cognitivo, sia emotivo.

Quanti si sentirebbero tranquilli se a undici anni un figlio vagasse di notte da solo in una grande città? Probabilmente, nessuno. Eppure, permettiamo ai ragazzi di aggirarsi in libertà nel web, senza limiti né regole, a qualsiasi ora del giorno e della notte. Chiusi nella propria stanza, con pochi click sulla tastiera molti preadolescenti accedono a contenuti, immagini, sollecitazioni *hard* che spesso non sanno gestire dal punto di vista emotivo. Possono chattare e incontrarsi virtualmente con adulti che non conoscono, adulti che potrebbero sfruttare la loro curiosità e il bisogno di eccitazione per scopi tutt'altro che educativi e formativi.

Il mondo virtuale non è a misura di bambino e nemmeno a misura di preadolescente. Potrà diventarlo solo se noi adulti sapremo regolamentare, supervisionare e accompagnare i minori all'interno di un territorio così vasto e complesso. Allo stesso tempo, è fondamentale essere consapevoli dei rischi che possono incontrare, saperli prevenire e, se necessario, fronteggiare.

Comprendo profondamente la fatica di un impegno del genere. Sono padre di quattro figli e mi rendo conto che gran parte delle sfide educative che affronto ogni giorno in famiglia era sconosciuta ai miei genitori. Ci confrontiamo quotidianamente con temi, contenuti e situazioni che non abbiamo conosciuto da ragazzi e i nostri genitori non hanno mai dovuto usare contromisure che adesso possano servirci da modello. In questo campo nessuno ci ha mai mostrato, né in teoria, né tantomeno in pratica, cosa sia meglio fare e come, quali siano i comportamenti più adeguati ai bisogni educativi di oggi.

Ci proverò in questo libro, insieme a voi, sfruttando le mie competenze di psicoterapeuta e partendo da storie di giovani pazienti appartenenti alla generazione dei nativi digitali con cui mi sono confrontato in questi anni. Nella maggior parte dei casi, si tratta di giovanissimi che si sono trovati in difficoltà in situazioni a sfondo sessuale dove le nuove tecnologie avevano un ruolo.

Le loro vicende saranno lo spunto per proporre riflessioni educative e per fornire consigli agli adulti circa l'educazione sessuale e sentimentale da trasmettere ai figli. I ragazzi sono sempre più precoci nella scoperta di sensazioni forti, che cercano spesso agendo "d'impulso", senza prevedere le conseguenze nella vita reale e l'impatto sull'equilibrio psicofisico delle persone coinvolte.

Non è un compito facile, quello che mi appresto a condividere con voi. Questo libro probabilmente vi riempirà di dubbi, di timori, e, a tratti, potrebbe perfino infastidirvi. Ma è necessario che i più giovani abbiano genitori consapevoli, che non ignorano, che non fingono di non sapere. Sul tema dell'educazione sessuale, il silenzio delle generazioni passate deve trasformarsi oggi in competenza e comunicazione.

Perché per loro, i nostri figli, le parole peggiori sono le parole non dette.

LA STRUTTURA DEL LIBRO

Il volume è organizzato in cinque capitoli: quattro tematici più uno conclusivo di consigli per educatori e genitori dei nativi digitali.

Ogni capitolo tematico affronterà un argomento che non compare nei classici manuali di educazione sessuale per l'età evolutiva, concentrandosi su aspetti legati all'uso delle tecnologie e ai modi in cui queste e i mezzi di comunicazione di massa raccontano e promuovono la sessualità tra i giovanissimi. In particolare:

- la precocità delle ragazze;
- la grande diffusione della pornografia on-line tra i preadolescenti;
- il *sexting*;
- l'adescamento on-line.

Avrete così gli strumenti per inquadrare ogni nuova tematica, per valutarne la diffusione e capire perché le generazioni di oggi ne siano coinvolte, spesso in misura massiccia. Ma soprattutto, potrete intuire gli effetti collaterali e le ricadute sullo sviluppo emotivo e psicologico. E proprio per sostenere genitori ed educatori nel proprio ruolo, saranno offerti spunti di intervento preventivo e linee-guida per affrontare la conversazione con ragazzi e ragazze, preadolescenti e adolescenti.

Nella prima parte di ogni capitolo prenderò in analisi il problema, quindi fornirò alcuni strumenti concreti per aiutare chi sta crescendo a comprendere la complessità di comportamenti spesso assunti a cuor leggero.

In alcuni passaggi, per esempio a proposito della pornografia on-line, simulerò addirittura una conversazione ideale tra padre e figlio, e in generale tra adulto e minore, per mostrare concretamente le parole che è necessario condividere. Sono davvero tanti, infatti, i genitori che in questi anni mi hanno confessato più volte: «Sa, io capisco che dovrei parlare con mio figlio di questi argomenti, ma poi non so quali parole usare, non so come si fa, non mi sento capace».

Sempre nella logica di facilitare la relazione e la comunicazione, in ogni capitolo troverete anche la proposta di un film da vedere insieme, con una traccia per approfondire il confronto sui temi e i problemi sollevati. È un altro modo di trovare spunti e stimoli per restare vicini e in contatto, anche su argomenti che in genere ci fanno sentire distanti.

Accade molto spesso che i giovanissimi, quando gli adulti li coinvolgono in conversazioni su questi temi, utilizzino la scusa dell'età: «Voi siete di un'altra generazione, siete antichi e non potete capirci. Non ce la fate proprio, perché siete dei matusa». Ecco, questo libro vuole proprio essere un modo per rispondere all'obiezione con un «È vero, ho molti più anni di te. La realtà in cui tu cresci e vivi ogni giorno era diversa ai miei tempi, anzi, forse non era nemmeno immaginabile. Ma ho fatto molti sforzi per comprendere i pro e i contro di tante cose che per te sono quotidiane e normali, mentre per me a volte sembrano incomprensibili. Forse non ho capito tutto, ma ho capito molto. E penso che sia un mio dovere, oltre che un tuo diritto, che io e te parliamo e ci confrontiamo su ciò che ho compreso. Perché la verità sta nel mezzo, di solito, e quel mezzo io e te dobbiamo trovarlo insieme».

Tutto troppo presto è pensato per questo: permettervi di incontrarvi a metà strada. Buona lettura.

1

PICCOLE DONNE CRESCONO... TROPPO IN FRETTA

—

Come le ragazze imparano che per essere popolari devono mostrarsi sexy e disponibili

ALESSANDRA: O FAI COSÌ O SEI *OUT*

Alessandra ha sedici anni. È brava a scuola. Ha un'amica del cuore. Ha anche altre amiche, con cui va d'accordo e chiacchera di tutto: della scuola, della vita, dei ragazzi. Ma ha un problema: pensa di valere poco, anzi, quasi nulla. «Se i ragazzi mi passano accanto, nemmeno mi vedono. Non si accorgono di me. Delle mie amiche, sì. Loro sanno farsi notare, corteggiare, apprezzare. Io, invece, resto lì, anonima, invisibile, appoggiata al muro durante le feste in casa, come un poster».

Alessandra ha cominciato a sentirsi così alle scuole medie. E il problema è uno solo: il suo cognome. La prendono in giro tutti, perché contiene un riferimento sessuale. Insomma, non sarà la signora Vera (di nome) Vacca (di cognome), ma per molti versi ci va vicino. C'è un episodio che è ancora tatuato nella sua memoria emotiva, un punto di snodo fra un prima e un dopo, che ha segnato in modo evidente tutto ciò che le è successo in seguito e per cui è stata costretta a chiedere aiuto. È accaduto durante il primo anno di scuola media. Un giorno, in palestra, la professoressa si allontana perché un ragazzo si è infortunato. Tutta la classe rimane sola. All'improvviso, il bullo di turno comincia a prendere in giro Alessandra per il suo cognome davanti a tutti i compagni. Qualcun altro lo segue e nel giro di pochi secondi c'è un coro di persone che la indicano e urlano a squarciagola il cognome, seguito da aggettivi e commenti volgari. La ragazza sta al gioco, finge di ridere, anche se, come ammetterà lei stessa, «pensavo di morire, di non poter sopravvivere a quella situazione assurda». Quando l'insegnante rientra, non si accorge di nulla e la lezione riprende. Ma Alessandra non potrà più cancellare il senso di vergogna e di umiliazione che ha provato. «Alle elementari, a volte il mio cognome aveva fatto sorridere, c'era stato qualche compagno che ci aveva scherzato su, ma non ci avevo fatto caso più di tanto. Si pensava ad altro, alle elementari». Quell'episodio in palestra alle scuole medie, invece, le rimane addosso come un vestito.

«Dal giorno dopo, andavo in giro a testa bassa, con l'unica speranza che nessuno si accorgesse di me e incrociasse il mio sguardo. Sono vissuta per due anni come in apnea. A scuola facevo il mio dovere. Con le mie due migliori amiche ho stretto un sodalizio molto forte, ma le ho usate come una barriera tra me e il resto del mondo. Mi attaccavo a loro come una cozza, da loro mi facevo difendere e proteggere, lì trovavo riparo. Ogni volta che entravo in palestra, per me era un incubo. "E se succede di nuovo?" pensavo. Ma la prof non si è più assentata e alla fine sono sopravvissuta. Quando sono andata alle superiori, le cose sono cambiate. Ho scelto il liceo classico, ero circondata da compagni che non si interessavano del mio cognome. Tutti, invece, erano molto interessati a farsi vedere dagli altri, a essere invitati alle feste, a fare gruppo. A me sarebbe piaciuto essere tra i popolari, quelli che avevano sempre un impegno nel fine settimana, un amico con cui uscire. Ma, al di fuori delle mie due amiche del cuore, io non avevo nessuno. E mi sentivo diversa da tutti gli altri. Mi sembrava di non essere all'altezza. Li guardavo da fuori, mi sentivo differente. E naturalmente, diventavo un'esclusa. Questa sensazione è diventata sofferenza. Soffrivo perché pensavo che non avrei mai trovato il mio posto nel mondo, che non ci sarebbe mai stata una sera in cui qualcuno, a una festa, avrebbe notato la mia assenza se non mi fossi presentata. Ero un soprammobile nella vita degli altri. Facevo arredamento. E nessuno si interessava davvero a me.

Una mattina ho sentito che non ce la facevo più. Dovevo cambiare il copione. E allora ho deciso: per essere popolare dovevo portarmi a letto un po' di ragazzi della mia scuola. Solo così avrei fatto il grande salto, sarei entrata anch'io nel club di quelle "normali". Non so dire esattamente perché ho scelto questa strategia per mettermi in salvo. Dalle foto e dai commenti che leggevo sui profili Facebook delle ragazze popolari sembrava che fossero alquanto disinibite e ben informate sull'argomento. E questo non lasciava indifferenti i maschi. E poi, considerando i messaggi che arrivano da ogni parte a noi donne, probabilmente la lezione più importante che impariamo da quando veniamo al mondo è che, se vuoi avere successo, ti devi mostrare sexy e disponibile, soprattutto con chi ha il potere di decidere se sei "dentro al gruppo" oppure una *out* da tenere fuori.

Così, io che non avevo mai fatto l'amore mi sono trovata a farlo con tre persone diverse in dieci giorni. La prima volta è stato terribile. Era con il migliore amico del ragazzo che organizzava una festa a cui avevo deciso di partecipare. Ho bevuto un po', poi ho ballato con lui in modo molto sexy. Mi ha fatto l'occhiolino, io gli lasciato capire che mi piaceva, allora mi ha portato nella camera del suo amico, al piano superiore, e lì ha fatto tutto in cinque minuti. Poi si è rivestito ed è sceso dagli altri, lasciandomi lì da sola. Non avevo sentito niente, mentre lui era sopra di me e si muoveva. Anzi, a dirla tutta, avevo sentito un gran male. L'ho fatto allo stesso modo altre due volte, a una festa e in discoteca.

A scuola, i ragazzi hanno cominciato a parlare di me come di una facile, che ci sta con tutti. E in effetti, mi sono arrivati inviti e proposte da persone che non mi avevano mai rivolto la parola. Ma lo devo ammettere: ho iniziato anche a sentirmi confusa. Andavo in giro e mi sembrava di non essere io quella che camminava, parlava con gli altri, entrava in classe. Mi sentivo fuori da me stessa, un'altra. Nel frattempo, molte ragazze si sono messe a sparlare di me e a guardarmi male. Le mie migliori amiche mi hanno chiesto che cosa stesse succedendo, perché mi comportassi così. Ma io la buttavo sul ridere. Facevo finta di avere tutto sotto controllo. E invece, una mattina è successo tutto all'improvviso. Ho avuto una sensazione terribile, non respiravo più, il cuore batteva fortissimo. Ho creduto di morire. Ho fatto chiamare mia madre. Lei è arrivata di corsa. Le ho detto: "Portami all'ospedale subito. Sto per morire". Era sconvolta. Al pronto soccorso hanno fatto tutti gli accertamenti. Risultato: non avevo nulla. Il medico di turno mi ha liquidata dicendo: "Sua figlia ha avuto un attacco di panico". Una doccia fredda. E ho cominciato a temere che quell'esperienza terribile potesse capitarmi di nuovo.

Mi sono chiusa in casa. Niente più uscite e feste. Al mattino, per andare a scuola dovevo prendere un ansiolitico, altrimenti non ce la facevo neppure a uscire dalla porta. Così non potevo andare avanti, perciò mi hanno portata da uno psicoterapeuta. Con lui ho rivisto tutto. Dall'episodio della scuola media al mio senso di isolamento e diversità rispetto al resto del mondo. Lui mi ha aiutata a capire che avevo trasformato il mio bisogno di essere amata e accettata dagli altri in un percorso sessuale profondamente autolesivo. Mi ha detto: "Essere popolari è molto diverso dall'essere amati, e soprattutto non puoi pensare che se uno ti porta a letto, poi verrai ricompensata con l'affetto e l'accettazione. Anzi, ti troverai costretta a costruirti una maschera, un'immagine di te stessa che non corrisponde a ciò che sei. E ti sentirai persa". A queste parole, ho compreso immediatamente che stava parlando di me, della sensazione di confusione che avevo addosso quando uscivo, come mi era successo nei giorni in cui mi ero data alla promiscuità e mi concedevo a chi voleva prendermi. Portavo in giro un personaggio che non corrispondeva in alcun modo a me. In terapia, ho imparato a parlare della vera me stessa, della sofferenza, del bisogno di essere notata e amata.

Ora sto bene. E al mio fianco c'è un ragazzo che, conoscendo la mia storia, ha detto di non voler fare l'amore con me per un bel po'. Vuole starmi accanto, per farmi sentire serena. Quando sarà il momento, faremo l'amore. Ma adesso no, non è ancora ora. "Non voglio diventare il quarto della serie maledetta": quando me lo ha detto, ho capito che finalmente ero entrata nel capitolo giusto del libro della mia vita».

BELLE E PRECOCI

Perché molte ragazze pensano che l'unico modo per farsi notare e accettare in un gruppo di coetanei passi per un look sexy e provocante? Perché l'immagine perfetta della popolarità è un'adolescente sessualmente disponibile con i ragazzi della sua compagnia, mentre il prototipo della "sfigata" è una persona vestita come una suora, vergine a oltranza, inavvicinabile da chiunque?

Non c'è dubbio, le nostre figlie imparano fin da piccole che mostrarsi sexy e ammiccanti, puntare sull'aspetto fisico e sull'immagine è la chiave per garantirsi un futuro in tutti i campi: amore, amicizia e professione. Del resto, le statistiche parlano chiaro: negli ultimi cinquant'anni la vita erotica dei giovani è cambiata notevolmente. Si diventa attivi sempre prima, le gravidanze indesiderate e le infezioni veneree tra i minori sono aumentate e congiuntamente è cresciuto l'uso di alcol e droghe.[1]

---

[1] George K. Creatsas et al., *Adolescent Sexuality in Europe: A Multicentric Study*, in «Adolescent And Pediatric Gynecology», vol. 8, n. 2 (1995), pp. 59-63; Lisa Avery, Gunta Lazdane, *What Do We Know About Sexual and Reproductive Health of Adolescents in Europe?*, in «The European Journal of Contraception and Reproductive Health Care», vol. 13, n. 1 (2008), pp. 58-70; Michel Bozom, Osmo Kontula, *Sexual Initiation and Gender in Europe: A Cross-Cultural Analysis of Trends in the Twentieth Century*, in Nathalie Bajos, Michel Hubert, Theo Sandfort (a cura di), *Sexual Behaviour and HIV/AIDS in Europe: Comparisons of National Surveys (Social Aspects of AIDS)*, Ucl Pr Ltd, London 1998, pp. 38-67; Francesco C. Billari, Marcantonio Caltabiano, Giampiero Dalla Zuanna, *The Heirs of Sexual Revolution*, in Francesco C. Billari, Marcantonio Caltabiano, Giampiero Dalla Zuanna (a cura di), *The Sexual Behaviour of Students. An International Research*, Serie Ricerche del Dipartimento di Scienze Statistiche dell'Università di Padova, n. 9 (2007).

L'età media del primo rapporto si è abbassata nel corso degli ultimi anni:

- 20-21 anni nelle generazioni 1946-1955;
- 19 anni nelle generazioni 1956-1965;
- 20-21 anni nelle generazioni 1966-1975;
- 17 anni negli adolescenti di oggi.

La maggiore precocità va inserita in un fenomeno più ampio che, a livello biologico, include l'anticipazione della pubertà, mentre sul piano comportamentale ed emotivo vede molti giovanissimi mostrare atteggiamenti connotati sessualmente fin dalla seconda infanzia, quando dovrebbero pensare al proprio corpo in termini ludici e motori, e non seduttivi.

In effetti, negli ultimi cento anni la pubertà è arrivata sempre prima e la tendenza sembra continuare. A metà del secolo scorso, l'età media per il menarca (primo ciclo mestruale) era intorno ai sedici-diciassette anni, mentre oggi è a dodici anni e mezzo. Il motivo principale è il miglioramento delle condizioni ambientali e igienico-sanitarie. Tra i fattori psicologici ed educativi che hanno contribuito al fenomeno, invece, i media occupano una posizione predominante. L'accumulo di immagini e contenuti a tema sessuale ha reso normale che gli adolescenti percepiscano l'intera esistenza in un'ottica erotica. E gli effetti si ripercuotono anche sul cervello: ipotalamo e ipofisi vengono stimolati a rilasciare gonadotropine, che inducono la secrezione di ormoni stimolanti per gli organi sessuali, spingendoli ad attivarsi prima di quanto preveda la programmazione naturale.

La combinazione di fattori organici e psicologici, indotti dagli stimoli ambientali, ha un riscontro diretto su ciò che i nostri figli pensano, immaginano e fanno in tema di eros. Capita di lavorare in una scuola primaria e di confrontarsi con bambini di otto anni che parlano di sesso orale o di rapporti con una normalità chiaramente dissonante rispetto al loro grado di sviluppo emotivo e cognitivo. Allo stesso modo, succede di incontrare bambine che ballano in modo molto seducente, imitando le veline, oppure che vestono con uno stile adulto o quantomeno adolescenziale, per nulla tipico (e consono) della prima e seconda infanzia. Sono simili comportamenti precoci che portano a una particolare forma di "adultizzazione" del minore, che passa attraverso la sua erotizzazione. Il fenomeno, secondo la American Psychological Association, si basa su quattro elementi:

1. il valore di chiunque è ricondotto esclusivamente al suo sex-appeal o al comportamento sessuale;

2. l'individuo è tenuto a conformarsi al pensiero comune per cui essere sexy significa essere fisicamente attraenti;
3. una persona è considerata un oggetto sessuale, ossia è destinata a essere usata da altri come tale, piuttosto che essere stimata per la sua autonomia e capacità gestionale;
4. la sessualità viene imposta al singolo in modo inappropriato.

L'erotizzazione dei bambini scardina molte credenze e comportamenti educativi tenuti dai genitori fino a oggi. Secondo Freud, soprattutto nella prima infanzia la sessualità è caratterizzata da intensa energia psichica e intensa attività, che però si differenzia molto da quella di adolescenti e adulti. Perciò, esporre i minori a un modello erotico ben più avanzato rispetto al loro stadio di sviluppo si trasforma automaticamente in una forma di pressione psicologica, una vera violenza, un abuso innanzitutto sul piano emotivo. Si viola proprio il principio costitutivo dell'infanzia: il "diritto a essere un bambino", ossia a crescere secondo tempi e tappe fisiologici.

Il rispetto della fisiologia e dei ritmi di sviluppo non esiste in un contesto che, almeno rispetto al sesso, genera "bambini accelerati" (gli anglosassoni li definiscono affetti dalla *hurried child syndrome*). Come adulti, dovremmo domandarci se la tendenza ad anticipare tutto nella vita dei nostri figli non rischi di trasformarsi in un clamoroso autogol. Molte giovanissime stelle dello star system internazionale sembrerebbero dimostrare che, purtroppo, questo vale anche per persone ricche e famose, che nella vita hanno avuto tutto, ma troppo presto. Britney Spears e Lindsay Lohan sono solo due esempi di adolescenti che hanno dovuto incarnare il mito della ragazzina sexy e disponibile, coinvolte in una vita da adulte senza averne le competenze emotive. E ora la loro esistenza è uno slalom tra un'infinita serie di problemi, inclusi disagio psichico, instabilità emotiva, tossicodipendenza e problemi con la giustizia. Ma nessuno racconta ai ragazzi il lato *dark* e molto meno *glamour* di vivere pigiando al massimo sull'acceleratore. Ci si ferma solo allo sfavillio di facciata, senza pensarci a fondo. Anzi, senza pensarci affatto.

IL SESSO COME MERCE

Sono state in particolare le ragazze a soffrire dell'accelerazione con cui il mercato circuisce i giovani e li convince a comprare e consumare sin dalla più tenera età prodotti e oggetti normalmente destinati al corredo dei maggiorenni. Si potrebbe concludere che la sessualizzazione diffusa nella società abbia portato alla scomparsa del concetto di infanzia. Ma forse, il problema reale è che a essere scomparso è il concetto di adulto. Se non c'è l'infanzia, in effetti, non esisterà più nemmeno un adulto che se ne occupi e preoccupi. In un'economia libertaria, fortemente centrata sul profitto, i bambini, e i minori in genere, vengono assimilati ai grandi come soggetti e oggetti di mercato, che acquisiscono valore per l'entità del giro d'affari che riescono a muovere. L'idea liberista, perciò, distrugge l'obbligo morale che tende a tutelare i bisogni dei più vulnerabili e dei più fragili, dei deboli e degli individui in formazione. Il mondo in cui crescono i figli, allora, non è più un villaggio abitato da persone che si fanno carico di loro. "Se mi offrono un guadagno, li sfrutto. Se possono offrirmi un guadagno, li corrompo": a me sembra questa la logica dominante in molti settori che riguardano i ragazzi. Vengono educati a un consumo e a una cultura inadeguati per il loro livello di sviluppo. A partire dalla fine degli anni Ottanta il mercato ha "costruito" artificialmente un sottogruppo denominato *tweens* o *twee-*

nagers, che include le bambine di età compresa tra i sei e i dodici anni, e negli ultimi vent'anni lo ha incitato ad appassionarsi a prodotti e "tendenze" decisamente adulti. Sono state immesse sul mercato bambole provocanti e sexy, con uno stile sempre più "da grande" per bimbe sempre più piccole. Mentre fino agli anni Cinquanta le ragazzine giocavano con bambolotti che avevano l'aspetto di un neonato o di un infante di due anni, a partire dagli anni Sessanta fa il suo ingresso nel mondo dei giochi la Barbie, appassionata di moda, viaggi e sport, eternamente fidanzata con Ken. Il suo strapotere viene messo in crisi agli inizi degli anni Duemila dall'avvento delle Bratz, *teenagers* dall'aspetto sensuale che passano il tempo fra trattamenti di bellezza e shopping, prototipi perfetti della *shopper* compulsiva che il mercato vorrebbe creare in ogni futura donna.

Il fatto è che mentre le bambine sono invitate in età sempre più precoce a immaginarsi "piccole donne", e a comportarsi come tali nell'abbigliamento, nei movimenti, nei sogni e nelle fantasie, il mondo della pubblicità, per normalizzare il fenomeno, lo amplifica, rappresentando sempre più spesso le giovanissime in atteggiamenti maliziosi.

Anche noi genitori siamo ormai ben consapevoli di

questa tendenza, e non solo nella pubblicità. L'espressione "*corporate paedophilia*" è una metafora usata dai ricercatori per descrivere la pratica di vendere prodotti ai bambini prima che siano in grado di comprenderne il significato e sottolinea come una strumentalizzazione simile possa essere assimilata a uno sfruttamento dei piccoli per trarne vantaggi economici.[2]

Il problema è diventato così esteso e incontrollabile da generare negli Stati Uniti un fronte di giornalisti, associazioni per la tutela dell'infanzia, genitori e psicologi, i quali hanno costituito una task force in seno alla American Psycological Association. Nel 2007 hanno reso pubblico il rapporto *Task Force on the Sexualization of Girls*, in cui si sottolinea che l'erotizzazione del corpo delle bambine e l'anticipazione della loro sessualità non sono soltanto la conseguenza dell'azione del mercato, ma anche del comportamento di molti adulti con le piccole. Si è generato, infatti, un circolo vizioso:

- attraverso ricerche di mercato i pubblicitari cercano di individuare certe tendenze;

---

[2] Emma Rush, Andrea La Nauze, *Corporate Paedophilia: Sexualisation of Children in Australia*, in «Discussion Paper», n. 90 (2006), pp.1322-5421.

- con i potenti mezzi di cui dispongono (televisioni, giornali, cartelloni...), le pubblicità le diffondono e le potenziano;
- la diffusione su vasta scala ha l'effetto di modificare gusti e mentalità di ampie fette della popolazione, provocando, a volte, effetti collaterali non previsti e dando inizio a un'escalation in una determinata direzione.[3]

In effetti, come padre rimango stupito nel constatare quante volte noi adulti permettiamo alle nostre figlie di indossare vestiti e assumere atteggiamenti o comportamenti inadatti all'età. Le mie figlie hanno ricevuto come regalo di compleanno (sia per i cinque anni, sia per i nove) magliette con scritte del tipo: *I am cool*, *I am sexy*, *So beautiful*. Non parliamo poi di cofanetti per il trucco, profumi da giorno e da sera, bagno schiuma e completini intimi. Con la stessa leggerezza ho visto maestre della scuola elementare presentare un saggio di fine anno (questa volta i miei figli non c'entrano) sulle note di *Sex*

---

[3] Emma Rush, Andrea La Nauze, *Letting Children Be Children. Stopping the Sexualisation of Children in Australia*, in «Discussion Paper», n. 93 (2006), pp. 1322-5421.

Bomb di Tom Jones, e genitori organizzare pigiama party per bimbe di otto anni a tema "*Violetta*".

Un giorno a casa mia ho visto la piccola di famiglia cercare un reggiseno per andare alla scuola materna, come aveva fatto una sua compagna. E noi adulti sembriamo quasi non stupirci di tutto questo: ammicchiamo, sorridiamo e poi assecondiamo. Sembrano lontani i tempi in cui sono comparsi per la prima volta sul mercato i reggiseni imbottiti taglia sette anni, venduti da una catena britannica a 4 sterline nel reparto di abbigliamento per ragazzine. A chi si era dichiarato stupito della mossa commerciale i dirigenti dei grandi magazzini avevano risposto che «la linea è stata pensata per proteggere il pudore delle bambine che stanno crescendo». La stessa catena aveva messo in vendita poco tempo prima un "set" da lap-dance giocattolo, contenente un palo, una giarrettiera, soldi finti e un DVD con i passi. Ma gli esempi negativi non si contano. La linea di abbigliamento per bambini e adolescenti Next ha dovuto ritirare dal mercato una T-shirt che recitava: *So many boys, so little time*; la catena Woolworths ha chiamato "Lolita" una linea di biancheria per la cameretta delle ragazzine. Abercrombie & Fitch vende mutandine a perizoma taglia sette-quattordici anni. Il marchio

Playboy, che evoca ragazze seminude su paginoni centrali, ha realizzato una propria linea di accessori per la scuola.[4]

All'inizio del 2011 si aprì un grande dibattito a livello mondiale per un servizio di *Vogue Paris* di dicembre 2010 dal titolo *Cadeaux*, che riportava fotografie di bambine con indosso abiti d'alta moda, tacchi a spillo, trucco pesante e capelli raccolti in acconciature sofisticate. Il servizio costò il posto di lavoro alla direttrice che lo aveva autorizzato, ma in tanti si dichiararono assolutamente contrari a ogni forma di censura in questo senso. La principale motivazione a difesa della direttrice era che i piccoli vengono sfruttati e trattati come adulti precoci in tutti i campi e in molti modi differenti, quindi perché prendersela solo con il settore della moda e della pubblicità? Come a dire: "Mal comune, mezzo gaudio". Noi adulti dovremmo riflettere, piuttosto, su quanto simili messaggi, immagini, oggetti e sollecitazioni generino nei ragazzi un'idea di sé troppo adulta e sessualizzata. Se facciamo passare questa

---

[4] Libero News, *Piccole donne. Reggiseni imbottiti taglia 7 anni: è shock all'estero. Soltanto un gioco?*, su *www.libero.donna.it*, 23 aprile 2008.

tendenza come normale, per molti minori sarà altrettanto normale il passaggio all'atto sessuale, per il quale possono essere ancora impreparati sul piano emotivo e concreto, come dimostra la prevalenza tra i giovanissimi di rapporti non protetti contro malattie veneree e gravidanze indesiderate.

PARLIAMONE CON UN FILM

American Beauty

di Sam Mendes, commedia, 130', Usa 1999

American Beauty è un film interessante e sconvolgente allo stesso tempo, perché la "*american beauty*" intorno a cui ruota l'intera vicenda è una giovane adolescente amica della figlia del protagonista, Lester Burnham, quarantaduenne profondamente in crisi su tutti i fronti. Si può vedere la pellicola da molte prospettive differenti. In questo contesto, vi inviterei a guardarla dal punto di vista della coprotagonista, la cheerleader Angela Hayes, che Lester nota durante un'esibizione nell'intervallo di una partita scolastica di pallacanestro. L'uomo comincia a nutrire fantasie erotiche su di lei, che lo seduce sempre più apertamente, fino a dimostrarsi disponibile a una relazione sessuale. In realtà, il loro incontro è un confronto tra due esistenze affaticate. Lester sembra ad Angela quello che non è: un adulto affascinante, seducente, di potere e ricco di charme. Ma in realtà è solo un "pover'uomo" in crisi che non riesce a ricomporre i pezzi della propria vita in un'identità soddisfacente. Con Angela coltiva un sogno che lo carica di energia e vitalità, ma è solo apparenza. Allo stesso modo, la ragazza si trova intrappolata in un copione che le permette di acquisire popolarità e un certo status sociale mostrandosi sexy e disinibita, mentre è un'adolescente problematica e piena di complessi con un livello di autostima molto basso.

La relazione avanza fino a concretizzarsi in un incontro erotico, ma non si conclude in un amplesso, perché improvvisamente Lester prende coscienza della situazione e ritrova il contatto con la realtà. Angela, infatti, gli rivela di essere vergine, smascherando la sua vera identità e cancellando di colpo l'idea di sé che aveva profondamente radicato negli altri attraverso il ruolo di cheerleader e l'atteggiamento disinibito. La confessione fa comprendere a Lester quanto tutto ciò che gli sta capitando sia "falso e artificiale", e questa consapevolezza innesca una serie di eventi che culminano nella tragedia finale. Nel film Angela incarna proprio il modello di adolescente imprigionata in stereotipi culturali che la portano a coltivare un "falso sé". Questa gabbia le garantisce un successo apparente, ma al tempo stesso le impedisce di comunicare la fatica di crescere e il disagio di vivere che prova.

Una visione condivisa con gli adolescenti, proprio

partendo da una discussione sul personaggio di Angela, permette di approfondire il tema della sessualizzazione precoce delle ragazze e degli effetti collaterali che ne possono derivare. Ecco qualche domanda che potete porre loro per avviare il confronto.

- Che cosa ti ha colpito di questo film? Quali aspetti ritieni simili alla realtà in cui vivi, se ce ne sono, e quali, invece, sono completamente differenti?
- Perché, secondo te, Angela vuole apparire sexy e provocante davanti agli altri?
- Quali sono i rischi a cui si trova più facilmente esposta una ragazza così concentrata sulla necessità di apparire sexy?
- Perché Lester, sul punto di concretizzare il proprio sogno erotico, si ferma? Come reagisce Angela?
- Secondo te, le relazioni tra giovanissimi e adulti più grandi di dieci, venti o trent'anni sono a rischio?
- Se tu fossi un'amica della protagonista e venissi a conoscenza della sua storia, cosa faresti per aiutarla?
- Perché la sessualità e tutto ciò che la riguarda sembra essere un chiodo fisso per i personaggi del film?

COSA SUCCEDE ALLE NOSTRE FIGLIE?

Crescere in un mondo ipersessualizzato e che fornisce un unico modello di femminilità di successo, tutto concentrato sull'apparire sexy e seducenti, produce numerose conseguenze ed effetti collaterali nel percorso evolutivo delle nostre figlie. La loro preoccupazione continua per l'apparenza e per il giudizio degli altri sull'aspetto distoglie molte energie mentali e cognitive, sottraendole all'apprendimento e all'interesse verso altri settori che non siano quelli legati all'estetica. Secondo la ricerca, ragazze troppo attente al corpo e all'immagine risultano meno brillanti in ambito scolastico, in particolare nei test scientifici e matematici, rispetto a coetanee che se ne preoccupano meno. In generale, questo cruccio eccessivo è fonte di bassa autostima e conduce più spesso a sperimentare emozioni negative che provocano disagio, quali vergogna, ansia e perfino disgusto nei confronti di se stesse.

La ricerca ha dimostrato un legame con tre dei più comuni problemi di salute mentale tra le ragazze:

- disturbi del comportamento alimentare;
- scarsa autostima;
- depressione conclamata, oppure un umore orientato alla depressione.

Ne risentono, inoltre, la salute e il benessere sessuale, tra le voci più importanti e significative nel percorso di crescita e sviluppo di una preadolescente o adolescente. Diversi studi hanno evidenziato come l'esposizione a contenuti sessuali veicolati dai media sia in grado di accelerare l'inizio delle relazioni sentimentali e dell'attività, ed è stata dimostrata una correlazione con l'incremento del numero di gravidanze durante l'adolescenza. Non va trascurato che i mass media hanno contenuti e linguaggi sempre più espliciti, mentre si fanno via via più scarse le informazioni relative alla contraccezione e alle responsabilità in ambito sessuale. In effetti, le ragazze che vivono maggiormente l'ansia di mostrarsi piacenti e disponibili verso i propri pari si preoccupano meno delle precauzioni e sono a maggior rischio di restare incinte o di contrarre malattie veneree. Inoltre, le false aspettative che nutrono nei confronti del sesso come strumento per acquisire affetto, potere o controllo rischia di trasformarsi in un boomerang e di portarle, in età adulta, a costruire relazioni amorose inadeguate e insoddisfacenti. Non ultimo, molte tra le più precoci hanno frequentemente problemi a raggiungere l'orgasmo durante il rapporto.

Più in generale, risulta compromesso il modo in cui le ragazze imparano a crearsi un'idea mentale della femminilità e della sessualità, dato che si trovano spesso ad aderire, più o meno consapevolmente, agli innumerevoli stereotipi che presentano le donne come oggetti di poco conto. Non a caso, se intervistate tendono a considerare l'aspetto estetico e la bellezza come caratteristiche chiave che definiscono il valore di una donna.

Tutto questo si ripercuote anche sulle possibilità di carriera e sulla validazione del ruolo femminile nella vita sociale e politica. Le statistiche parlano chiaro: per le donne è molto più difficile ottenere un ruolo di leadership, a ogni livello e in ogni settore. E qualora ci riescano, devono mantenere l'aspetto fisico sempre "al top" per essere credibili nella loro posizione: un requisito che non viene richiesto agli uomini.

CHE COSA POSSIAMO FARE

Se potessimo scegliere, noi genitori non vorremmo mai far crescere le nostre figlie in un mondo che le bombarda di messaggi simili. Eppure, fin da bambine li ricevono dalla TV, dai personaggi dei cartoni animati, dai giocattoli con cui si intrattengono nel tempo libero, da internet, dai testi delle loro canzoni preferite. E soprattutto, li ricevono dalle vetrine dei negozi, che condizionano la scelta quotidiana della maglietta da indossare, del marchio e dello slogan da mostrare. Ma se questo sistema è potente e pervasivo, noi adulti, genitori ed educatori, non siamo da meno. Anzi, abbiamo il vantaggio di una relazione reale e continua con i ragazzi, e questo ci rende più credibili. Basta dimostrare affetto e coerenza, che ci conducono automaticamente verso la strada maestra dell'autorevolezza. Le nostre parole, gli sguardi, il modo di essere e di relazionarci con loro insegna alle bambine e alle ragazze chi sono realmente, a prescindere da come appaiono. E abbiamo il potere di estendere la lezione anche ai maschi, affinché imparino a dare valore alle persone dell'altro sesso per le competenze che hanno nel ruolo di amiche e sorelle, al di là delle apparenze e dei vestiti che indossano. Ecco alcune azioni concrete che nella quotidianità ci permettono di trasmettere ai figli messaggi alternativi a quelli dominanti. I princìpi guida sono stati tratti e adattati dal rapporto degli psicologi statunitensi *Task Force on the Sexualization of Girls*.

1. Insegnate a guardare la TV con occhio critico

Il ruolo delle donne nei programmi televisivi è spesso "decorativo e di contorno". In molti casi, da copione devono assumere un atteggiamento sexy e ammiccante, che valorizza soltanto la dimensione seduttiva della loro personalità. Spesso affiancano un conduttore uomo, con un unico scopo: fungere da ornamento, in molti modi differenti. Parlano poco, o non parlano affatto, e di frequente vengono interpellate su questioni futili e banali, come a confermare lo stereotipo che la bellezza non fa coppia con l'intelligenza e che il potere di una donna è fortemente associato alla sua carica sexy e al suo potenziale di seduzione. Esistono anche format in cui la donna ha un ruolo di primo piano, ma spesso al centro dell'attenzione c'è il suo corpo, che diviene di fatto il suo unico elemento di protagonismo.

Questa tendenza si è molto diffusa anche nei programmi per ragazzi. Alcune produzioni televisive raccontano storie fortemente concentrate sul valore dei giovanissimi in base all'aspetto e alla loro carica erotica, e sull'eventuale potere che possono trarne.

Un esempio classico sono i concorsi di bellezza, da sempre al centro di dibattiti molto accesi, ma anche dei sogni di successo di molte giovani donne. Negli anni è andato crescendo in tutte le nazioni del mondo il numero di aspiranti miss che desiderano ardementemente ricevere una fascia, a sancire il loro valore. Gli stessi organizzatori ne sono consapevoli, tanto che il concorso di

Miss Italia, in risposta alle polemiche, ha integrato nel profilo della Miss ideale competenze che esulano dalla sola bellezza. Rimane il fatto che veder sfilare su una passerella decine di ragazze con un numero addosso perché una giuria le guardi muoversi avanti e indietro e attribuisca loro un punteggio fa sempre una certa impressione.

Mentre nostra figlia cresce, imparare con lei a vedere in questi programmi tutto quello che non viene mostrato ha grande importanza. Potrebbero rivelarsi molto utili domande del tipo:

- Non ti sembrano un po' tutte uguali?
- Che cosa si vede del loro "saper essere" in un programma così concentrato sul lato esteriore?
- Trovi giusto che in questi concorsi facciano una classifica che stabilisce il valore di cento ragazze in base ai parametri e alle prove proposti?

Un'estremizzazione di questo meccanismo sono i concorsi di bellezza per giovanissime e addirittura per bambine. Un esempio è il reality show americano *Little Miss America*, trasmesso in Italia dal canale Real Time, che nel titolo originale, *Toddler's and Tiaras*, unisce i due elementi al centro del programma: bambine piccole e coroncine da regina di bellezza. Ogni puntata è il racconto del sogno di gloria di una mamma che iscrive la sua bimba a un concorso di bellezza in cui, acconciata e vestita come un'adulta, dovrà mettersi in mostra e tenere la scena proprio come nelle competizioni riservate a concorrenti più grandi. Qui i piccoli diventano strumenti nelle mani degli adulti. I genitori li spingono a partecipare per bisogno di affermazione sociale, per ottenere con quest'esperienza una validazione oggettiva del proprio valore e, naturalmente, un momento di narcisistica celebrità. Gli organizzatori li trasformano in "statuine" capaci di alimentare un enorme business e di produrre un profitto notevole, indifferenti all'impatto sul loro percorso di crescita. Se si pensa che la piccola vincitrice del concorso Viva Las Vegas porta a casa un premio di svariate decine di migliaia dollari, si può facilmente immaginare quanto forte sia la pressione sulle partecipanti e quanto devastante sia l'effetto boomerang per tutte le concorrenti sconfitte. Con un simile premio, poi, le spese da sostenere per accaparrarsi la vittoria sono esponenziali: viaggi e trasferte, trucco e acconciatura, abiti e lustrini, fino a entrare in un meccanismo che allontana sempre di più dalla realtà sia i figli, sia i genitori. Ma il vero problema è che, attraverso queste esperienze e tutta la magnificazione che se ne fa attraverso i media e la rete, le bambine si abituano a pensare che il momento clou della loro esistenza sia quello in cui si trovano al centro del palco, con addosso gli occhi di tutti intenti a scrutarle mentre sono avvolte in costumi attillati e provocanti, truccate e agghindate come donne, in una precoce quanto malsana esasperazione di un ideale estetico che con l'infanzia non ha niente a che fare.

In concreto, di fronte a estremi simili, e in ogni situazione e programma in cui vi sembra che la femminilità sia celebrata soltanto in un'accezione estetica, in particolare se al centro dello schermo ci sono giovanissime, aiutate in tutti i modi le ragazze a sviluppare un *pensiero critico*.

Discutete con loro di come i messaggi che celebrano la sensualità e la sessualità autorizzino adolescenti e preadolescenti a credere che il loro valore stia soprattutto nell'aspetto estetico. Quando potete, fermate l'immagine e, osservando il primo piano della ragazza in TV, ponete domande come:

- Perché, secondo te, si fa tanta pressione sulle giovanissime affinché si mostrino agli altri soltanto in questa versione sexy e provocante?
- Quali caratteristiche ritieni importante che abbia una

bambina/ragazza quando devi passare tanto tempo in sua compagnia?

- Secondo te, queste caratteristiche contano di più del modo in cui appare e si mostra agli altri?

Ascoltate con attenzione le risposte dei vostri figli o studenti e approfondite nel dibattito i termini della questione.

2. Discutete insieme del modello dominante

Per le ragazze è un dato di fatto: fin da molto piccole, il mercato le spinge a vivere *nel* proprio corpo, più che a vivere *il* proprio corpo. Mentre i maschi possono indossare comode tute e abiti che li lascino liberi di muoversi e di fare sport, alle femmine viene spesso imposto un codice di abbigliamento che le spinge a mettere in mostra il fisico affinché gli altri lo vedano e lo apprezzino, a scapito della libertà di movimento. Intimo per bambine di sei-otto anni, scarpe con i tacchi, gonne corte con gli spacchi insegnano loro che il corpo va messo in vetrina, anziché usato per esplorare il mondo. Non di rado, le insegnanti di scuola primaria si trovano di fronte alunne di seconda o terza elementare vestite come veline.

Già così piccole, queste bimbe raccontano nella pratica

una differenza tra i due sessi che è presente e amplificata in tutti i mezzi di comunicazione di massa. Per aiutare chi sta crescendo a prenderne atto, analizzate insieme riviste femminili e maschili. Osservate con attenzione le professioni, gli abiti, le pose e le posizioni assunte in foto da ragazzi e ragazze, uomini e donne. In particolare, provate a fare un'analisi per settore: per esempio, soffermatevi sui contenuti e sulle immagini di un magazine sportivo e di uno di moda. Notate quali ruoli hanno le donne nell'uno e nell'altro.

Poi, domandatevi insieme perché un'attività utile e sana per lo sviluppo psicofisico degli adolescenti come lo sport sia legata in modo tanto evidente alla presenza femminile. Secondo le ricerche di epidemiologia comportamentale, il numero di ragazze che durante l'adolescenza abbandonano lo sport è doppio rispetto ai maschi. Ma se le priviamo della gioia e della soddisfazione di praticare attività fisica (intesa come esperienza che permette di vivere il corpo), alla fine lasciamo loro solo la possibilità di portare in giro un corpo da esibire, che ha valore non per ciò che vive e fa, ma per la capacità di stare al centro dell'attenzione e di attirare gli sguardi. Molte giovani si allontanano dalla pista di atletica o dal campo sportivo e si ritrovano a muoversi come se fossero sempre su una passerella. Come lo hanno appreso? Chi ha insegnato loro a dare importanza alla forma del corpo, anziché alla sua sostanza? È cruciale che noi adulti impariamo a trattare questi temi e tutte le relative implicazioni con le nostre figlie durante il percorso di crescita. Non dobbiamo dimenticare che, se sono troppo preoccupate dell'esteriorità, spesso hanno difficoltà a concentrarsi e a dare importanza ad altre dimensioni dell'esistenza.

Dobbiamo farci sentire se notiamo "deviazioni dal percorso" in cui nostra figlia o una studentessa ci sembra preoccupata del proprio corpo solo in un'accezione estetica, perché lo cura come se fosse un bel contenitore, ma non si preoccupa di tutelarne la sostanza. Se indossa un capo che ritenete troppo provocante per lei, provate a chiederle che cosa le piaccia di quel vestito e verificate se c'è qualcosa che, invece, non la fa sentire a proprio agio quando lo indossa. Provate a discutere con lei di quanto gli abiti e la preoccupazione per il look, con infiniti controlli e risistemazioni davanti allo specchio, rubino tempo ed energie a molte altre attività che potrebbero essere ugualmente importanti, come lo studio, le relazioni con gli amici e la ricerca di interessi alternativi da coltivare nel tempo libero. Aiutatela a comprendere che a dare valore a una persona non sono gli sguardi altrui, ma la capacità che ha di raccontarsi a sé stessa, di sentirsi importante e significativa non solo per l'aspetto, ma anche per com'è e per quello che sa fare. Insegnatele a costruire una mappa delle competenze che secondo lei è necessario possedere per avere davvero successo nella vita, e assicuratevi che includa competenze reali, non soltanto aspetti esteriori e preoccupazioni estetiche.

3. Dite la vostra

Se non vi piace un programma televisivo, il testo di una canzone, il modo in cui le ragazze sono raccontate in un video musicale o in un servizio giornalistico, ditelo a voce alta. Spiegate i motivi per cui non condividete quel modo di raccontare la femminilità senza fare prediche o apparire moralisti. Fornite semplicemente il vostro punto di vista. Se, invece, vi imbattete in qualcosa che valorizza la donna in tutti i suoi aspetti, e non solo per l'estetica, spiegate perché vi piace. Non esitate a far sentire la vostra voce con i commercianti, i produttori televisivi, i direttori di riviste che promuovono un'immagine delle giovanissime in chiave sessuale senza alcuna preoccupazione educativa, ma solo per fare soldi.

Un ottimo esempio viene dalla celebre cantante Annie Lennox. Dopo aver visto il video musicale della hit *Wrecking Ball*, in cui Miley Cyrus cavalca nuda una palla da demolizione e simula un rapporto orale con un martello in mano, Lennox ha postato sul suo profilo Facebook un messaggio che ha suscitato un enorme dibattito in tutto il mondo:

Devo dire che sono disturbata e costernata dal recente profluvio di video e performance apertamente sessuali. Sapete quali intendo. Mi sembra ovvio che alcune case discografiche stiano praticamente spacciando pornografia di altissimo livello con un sottofondo musicale. Come se l'ondata di immagini sessuali non bombardasse già a sufficienza le ragazze più giovani, abbastanza impressionabili. Credo nella libertà di espressione e di parola, ma i meccanismi del mercato se ne fregano del concetto di limiti. Finché ci sarà un sedere per far soldi, sarà comprato e venduto. È deprimente vedere come queste musiciste siano così bramose di spingere tale livello sempre più in basso. Il loro presupposto sembra che la misoginia utilizzata e mostrata attraverso se stesse vada bene, finché sei tu a crearla. Come se fosse tutto giustificato dai milioni di dollari e visualizzazioni su Youtube che ottieni comportandoti da magnaccia e da prostituta allo stesso tempo. È una sofferenza autoinflitta, glorificata e monetizzata.

Accusata di essere bigotta e "antica" (vi suonano familiari questi due aggettivi? Ve li siete sentiti scagliare addosso dai vostri figli o studenti mentre cercavate di farli riflettere su comportamenti che per voi erano eccessivi?) ecco la sua spiegazione:

Ho cercato di essere attenta e misurata con i miei commenti nel post di ieri e ho capito che l'argomento va incontro a controversie e divisioni. Dopo una riflessione, posso dire che la sessualità è una componente innata e profonda della vita. Non c'è niente di sbagliato nella nostra sessualità o nella sessualità in sé, ma se un'artista ha un pubblico di giovani fan facilmente impressionabili e vuole presentare un video o una performance dal vivo soft porno, allora questi dovrebbero essere considerati per quel che sono ed essere vietati ai minori di diciotto anni. Parlo dalla prospettiva di un genitore di fan giovani. È tutta una questione di protezione dei figli: è appropriato che un bimbo di sette anni dimeni le pelvi come un ballerino di lap dance? Non credo. I limiti vanno messi, affinché i più giovani non siano travolti dalle forze del mercato che sfruttano la normalizzazione del sesso esplicito nell'intrattenimento dei minori. Questo significa niente pubblico sotto i diciotto anni. Semplice! Be', non proprio. Internet ha cambiato i concetti di "limiti" e di "semplice".

Ecco, questo è un ottimo esempio di cosa intendo quando vi invito a levare la vostra voce, e mentre lo fate sentitevi autorevoli e autorizzati a farlo, anche di fronte alle accuse di bigottismo e antichità.

4. Comprendete il loro punto di vista e cercate di ampliare i loro orizzonti

I giovanissimi, anche rispetto alle preferenze televisive e musicali, si trovano al centro di forti pressioni sociali e di massicce campagne di marketing. Di conseguenza, sono sempre più numerosi coloro che seguono gli stessi programmi televisivi e ascoltano i medesimi artisti, spesso felici di appartenere a una maggioranza. «Se non guardi *Violetta*, *Amici* oppure *Il grande fratello* sei tagliato fuori», raccontano spesso preadolescenti e adolescenti. E il discorso vale anche per la musica e le tendenze dell'abbigliamento. Piuttosto che vietare e negare con forza, molto meglio fare qualche concessione e condividere con i figli pensieri e riflessioni. Essere al loro fianco quando devono decidere che cosa comprare senza risultare troppo invadenti può essere d'aiuto, e soprattutto può servire a includere il parere di mamma o di papà tra quelli consultati prima di una decisione. È sempre meglio essere contestati che non essere considerati affatto. Alla fine, il messaggio da trasmettere è che per voi conta ciò che sono veramente e che le loro capacità vanno ben oltre l'aspetto esteriore.

In generale, non rinunciate mai ad accompagnare una figlia che vuole andare a fare shopping. A volte, proponetevi come accompagnatori anche di una coppia di amiche: vi darà la possibilità di esserci quando si troveranno di fronte a scelte concrete, quando si confronteranno e si scambieranno pareri.

L'atteggiamento più utile nella relazione con figli desiderosi di avere tutto e subito, di bruciare le tappe, di diventare adulti anche se sono solo preadolescenti è quello dell'adulto che ascolta con tranquillità e a volte interviene. Piuttosto che dire subito tutto ciò che pensiamo di qualcosa (anche se in alcuni casi è inevitabile, e allora dovrete saper dire un secco e sonoro «NO», quando lo ritenete un imprescindibile "salvavita"), cercate in ogni modo di ampliare la prospettiva della conversazione ponendo domande che aiutino a vedere la cosa da punti di vista differenti:

- Secondo te la prof di lettere cosa penserebbe di un'alunna che indossa un abito del genere?
- E se tua sorella andasse in giro vestita così, tu che cosa penseresti?
- Che cosa direbbe il fratello della tua migliore amica di una ragazza che si comporta in questo modo?
- Se fossi tu la protagonista di questo film/spot pubblicitario/video musicale e i tuoi amici ti vedessero vestita così (o comportarti così), come ti descriverebbero a qualcuno che non ti conosce?

Incoraggiate il confronto, sostenete il dialogo, e soprattutto favorite la raccolta di impressioni, pareri e opinioni da parte del gruppo allargato dei coetanei. Se a scuola potete farlo attraverso discussioni di classe, organizzazione di *circle times* (discussioni in cui tutti gli studenti si mettono in cerchio e a turno esprimono la propria idea su stimoli, temi e argomenti proposti dagli adulti o dai compagni stessi), a casa potete approfittare quando invitate a cena cugini o amici, oppure quando li portate in auto a uno dei tanti impegni che hanno.

5. Incoraggiate attività alternative

Perché le ragazze percepiscano che il loro valore non dipende esclusivamente dall'aspetto fisico, è bene che si sentano apprezzate dagli adulti, nutrite e sostenute in tutto ciò che non ha a che fare con la sola bellezza: l'intelligenza, la capacità di espressione creativa ed artistica, la voglia di stare in compagnia.

Per esempio, da sempre penso che l'esperienza dello scoutismo offra a chi cresce la possibilità di stare insieme puntando su aspetti educativi e di relazione che aiutano le ragazze (ma anche i ragazzi) a credere in sé, ad acquisire competenze complesse, a vivere *il* corpo (e non solo *nel* corpo) in modo naturale, formativo e adeguato ai bisogni dell'età evolutiva. Qui il look non è negoziabile, perché tutti sono vestiti allo stesso modo, ma il fisico è sempre protagonista, perché in continuo movimento. Ci sono attività da fare, aspetti della natura da scoprire e tutelare. E poi, ci sono danze di gruppo, escursioni senza adulti, veri riti di passaggio (come trascorrere la notte in un bosco da soli con i compagni, dormendo in tenda tutti insieme). Mi sembra molto utile anche sostenere l'adesione delle nostre figlie ad associazioni di volontariato e a progetti che migliorino il contesto in cui vivono.

Non va trascurato che educare alla bellezza e appassionare un figlio alle arti significa dotarlo della capacità di acquisire sensibilità e di guardare il mondo con uno sguardo autonomo, costruendo una bussola interiore con cui esprimere giudizi, sviluppare attitudini, manifestare aspettative nei confronti propri e del prossimo.

Anche curare un'educazione spirituale penso sia molto importante. Secondo numerose ricerche, chi ha una vita spirituale che lo accompagna per tutto il percorso di crescita (indipendentemente dal credo religioso) risulta più protetto contro i rischi comportamentali, più frequenti in adolescenza che nelle altre fasi della vita.

6. Siate adulti autorevoli e competenti

In tempi in cui il mercato sembra molto più potente di genitori ed educatori, dobbiamo dotarci di autorevolezza e competenza. Soprattutto nella nostra comunità reale, è importante che creiamo un'opinione condivisa, che trasmetta ai ragazzi un'idea realistica e chiara di ciò che ci aspettiamo da loro e di che cosa significa per noi sostenerli mentre cercano un progetto di vita in grado di farli sentire realizzati.

Questo significa fare più attenzione a ciò che mettiamo nelle loro mani, dire meno sì, ma anche dimostrarci pronti a trascorrere insieme molto tempo di qualità, accompagnarli e coinvolgerli in attività divertenti e interessanti. Più saremo per loro modelli affascinanti e credibili, coerenti e affettuosi, più si fideranno dei nostri messaggi e consigli, ritenendoli altrettanto importanti (se non più) di quelli delle multinazionali che ogni giorno cercano di conquistarli con l'obiettivo del profitto.

Educateli, aiutateli a stare con i piedi per terra, date l'esempio: ecco, in tre passi, la strategia che di sicuro vi renderà più attendibili e affidabili degli strateghi del marketing.

Educateli. Anche se a volte non è facile e costa fatica e disagio, è importante che sappiate trasmettere messaggi e sostenere conversazioni sulla sessualità. Fornite la vostra visione di quando e come pensate che il sesso possa entrare in una relazione sana, intima e matura. Chiedete alle ragazze perché spesso cerchino di apparire sexy e disponibili davanti ai coetanei maschi. Verificate quale percezione hanno dell'impatto del gruppo dei pari, dei media e delle influenze culturali sui loro comportamenti e decisioni sessuali, e assicuratevi che comprendano come operare scelte giuste, che proteggano la propria vita personale e amorosa. Soprattutto, aiutatele a definire quali caratteristiche deve avere una relazione sana e appagante tra giovanissimi.

Aiutateli a stare con i piedi per terra. Insegnate ai vostri figli e studenti a focalizzarsi su ciò che ritengono realmente importante, in base ai loro pensieri, sentimenti e valori. Assisteteli mentre si dotano delle competenze necessarie a raggiungere i propri obiettivi e mentre compiono i vari passaggi verso la realizzazione del progetto. Ma soprattutto, assicuratevi che comprendano quanto ciascuno di noi sia unico e speciale e quanto sia sbagliato e fuorviante giudicare qualcuno dall'aspetto esteriore.

Date l'esempio. Il marketing e i media hanno grande influenza anche su noi adulti, che spesso cadiamo nella trappola del mercato quanto i nostri figli, se non di più. Ciò che pensiamo, come ci vestiamo, cosa compriamo, guardiamo, leggiamo e preferiamo insegna ai ragazzi più di mille parole. Saremo per loro un modello a cui ispirarsi se siamo coerenti e credibili, e da cui allontanarsi se, invece, non sembreremo autorevoli.

PARLIAMONE CON UN FILM

Il corpo delle donne

di Lorella Zanardo, Marco Malfi Chindemi, Cesare Cantù, documentario, 23', Italia 2009

Dato l'enorme potere dei media, può essere utile per gli adulti acquisire alcune competenze di "educazione ai media" e di analisi dei loro messaggi attraverso il pensiero critico. *Il corpo delle donne* è un documentario realizzato con una selezione di immagini tratte dai programmi delle TV generaliste italiane, in cui si mostra e si racconta come il corpo delle donne sia rappresentato alla stregua di una decorazione, al pari di una "greca", con il solo fine di attirare l'attenzione del telespettatore accendendone la curiosità e le pulsioni. La tesi della pellicola è che le donne vedano così confermato il principio in base al quale hanno valore esclusivamente come oggetti sessuali nelle mani degli uomini, che di loro vedono (e quindi valorizzano) solo alcuni aspetti, quasi tutti correlati all'avvenenza e al sesso. Naturalmente, non sarebbe possibile girare lo stesso documentario sul corpo degli uomini, perché non sono pensabili e utilizzabili dai media in un'ottica altrettanto strumentale e degradante. *Il corpo delle donne* è una visione da condividere per far riflettere e generare consapevolezza. È un'opera che trasforma in immagini il concetto di sessualizzazione del fisico femminile, un'occasione per discutere con ragazzi e ragazze intorno al tema della creazione maldestra di stereotipi e norme sociali da parte dei media che tutti noi, ogni giorno, eleggiamo a fonte di informazione (diretta e indiretta, esplicita e implicita). Ecco qualche domanda per iniziare.

- Che cosa ti ha colpito di questo film?
- Avevi mai pensato prima al corpo femminile nel modo presentato in questo documentario?
- Quali sequenze e scene ti sono sembrate più offensive e degradanti per il genere femminile, e perché?
- Secondo te, sarebbe possibile girare un documentario simile ispirato al corpo degli uomini? Perché?
- Che cosa si dovrebbe fare per modificare la situazione? Immagina di poter proporre tre strategie di cambiamento ai programmatori dei palinsesti televisivi e a chi seleziona il cast degli show.
- Tra le tue trasmissioni preferite ce n'è qualcuna in cui le donne vengono valorizzate a prescindere dall'aspetto fisico? Quali sono e perché ti piacciono?
- Ci sono personaggi femminili in televisione che con il loro stile, modo di essere e professionalità contribuiscono a sovvertire i princìpi mostrati nel documentario?

2

LA PORNOGRAFIA ON-LINE

—

Come i ragazzi si convincono che le donne siano bambole di plastica e il sesso uno sport che dà piacere

MASSIMO E IL MAL DI TESTA DA PORNOGRAFIA

Massimo, undici anni, ha un nome che gli si adatta come un vestito, perché nella vita va sempre al massimo. Figlio unico di genitori che lo adorano, a scuola è uno che "spacca", come dice lui, parlando della sua classe e delle relazioni con i compagni. Pratica due sport, è un boy scout e affronta le giornate nello stesso modo in cui ha affrontato le montagne russe la prima volta che ci è salito: «Stando davanti, sul primo carrello, perché non potevo perdermi nulla e perché mi avevano detto che lì in prima fila senti tutto al massimo: la paura, l'eccitazione e il divertimento». Paura, eccitazione, divertimento: sono queste le tre parole che aiuteranno lui e il suo terapeuta a orientarsi davanti allo strano malessere che lo coglie una mattina, in prima media, e lo tormenta per alcune settimane.

Un giorno, a scuola, Massimo dice alla professoressa di matematica che ha un forte mal di testa e che non ce la fa a rimanere in classe: deve tornare a casa. La prof rimane colpita dalla richiesta. Il ragazzo è l'immagine della salute: guance rosse, è da sempre al novantesimo percentile di crescita in base alle misurazioni del pediatra. Energico e sempre in movimento, in questa versione sofferente colpisce tutti. Lo sguardo perso e spaventato, il viso pallido e smunto preoccupano anche la mamma, che decide di farlo visitare. «Sarà lo sviluppo» conclude il pediatra, che non nota niente di speciale. «Se dovessero ripresentarsi mal di testa improvvisi e violenti, bisognerà sentire lo specialista».

Durante la visita il ragazzo osserva tutto, ma non dice nulla. Resta in silenzio, come se avesse qualcosa da nascondere. «Quel dottore mi conosce da quando sono nato: non potevo dirgli la verità. Mi vergognavo troppo. Per giunta, mia madre era lì con me: un motivo in più per stare zitto».

Massimo torna a casa, ma nelle settimane successive la mamma è costretta a riprenderlo a scuola per il mal di testa altre cinque volte, e capisce che bisogna fare qualcosa. Subito le viene in mente il nome dello psicologo a cui si è rivolta una sua amica quando aveva un problema con il figlio adolescente. Non sa spiegarsi bene perché pensi a uno psicologo e non a un neurologo, ma probabilmente è una di quelle intuizioni legate all'istinto materno.

Pochi giorni dopo, al primo appuntamento, Massimo entra nella stanza del terapeuta accompagnato dalla mamma, che espone il problema e le sue preoccupazioni, poi viene invitata ad accomodarsi in sala d'attesa. Lo specialista parla con Massimo e si fa descrivere il malessere, vuole sapere con esattezza quando si è verificato il primo episodio e chiede al ragazzo di descrivergli in dettaglio dove, come e quando sente dolore. Massimo preme forte con le dita sui due punti della fronte corrispondenti ai lobi frontali e dice: «Mi fa tanto male qui che mi sembra che mi scoppi la testa».

Il terapeuta, allora, chiede: «Cosa c'è di così grosso e pesante in quella testa che cerca di uscire, di venire fuori?».

E Massimo comincia a raccontare che il problema è comparso quando ha iniziato a esplorare Youporn.

Nemmeno immaginava che esistesse un sito simile: lo ha scoperto perché un giorno a scuola, durante l'intervallo, un compagno, di nascosto dai professori, ha tirato fuori lo smartphone e ha mostrato alcuni filmini pornografici scaricati da lì. Poi ha detto che su Youporn si trovava di tutto. Quel pomeriggio, a casa, Massimo era turbato.

«Sapevo che non sarei dovuto andare su quel sito, ma al tempo stesso ne avevo una gran voglia. I miei rientrano dopo le 17 e io ero nella mia stanza con il computer acceso. Fino ad allora, avevo usato la connessione solo per tenermi informato sullo sport e sulla mia squadra del cuore. Quello era il mio divertimento. Ma da quel pomeriggio, mi ha colto una strana eccitazione, del tutto nuova per me. Non ho resistito e sono andato su Youporn. E mi è successa una cosa pazzesca: per la prima volta ho provato un piacere incredibile, che mi prendeva tutto il corpo e dal mio pene è uscito liquido bianco. All'inizio, mi sono spaventato, non capivo cosa stesse accadendo, ma la sensazione era troppo bella. Ho capito che probabilmente mi era successa quella cosa di cui a volte avevano parlato i miei compagni a scuola. Poi non sono più riuscito a fermarmi. Quel pomeriggio non ce l'ho fatta a studiare. Mi sentivo agitato ed eccitato, confuso, ma anche impaurito. Ho spento il computer, ma la testa era rimasta dentro lo schermo. I pomeriggi successivi la storia si è ripetuta, sempre allo stesso modo. Solo che ogni volta ci passavo più tempo e volevo vedere più cose. Alla fine, non sono più riuscito a togliermi dalla mente quelle immagini. Andavo a dormire ed erano lì, appena chiudevo gli occhi. Ero a scuola e durante il compito in classe di matematica la testa mi volava via per conto suo, mi faceva rivedere tutte le scene del pomeriggio prima. Avrei tanto voluto smettere. Ogni giorno mi dicevo: "Da oggi ho chiuso con Youporn, non ci andrò mai più, neanche una volta". Ma il pomeriggio, a casa da solo, era la prima cosa che facevo. Il mal di testa è cominciato quasi subito: le immagini si accendevano nella mia mente e il dolore arrivava in breve tempo. Il momento peggiore era in classe, soprattutto quando dovevo concentrarmi per una verifica. Io cercavo di pensare alle risposte da scrivere e il mal di testa esplodeva più forte che mai. Ecco, sono contento di essere riuscito a dirti tutto. Mi sembra già di stare meglio».

Il terapeuta ascolta con attenzione e si rende conto che il disturbo ha tutte le caratteristiche di una sindrome da stress post-traumatico. Solo che stavolta l'evento traumatico non è qualcosa che ha messo a repentaglio la sua vita (come di solito accade nei pazienti che mostrano sintomi simili), bensì il materiale pornografico messo a disposizione di un ragazzino che non aveva ancora avuto il suo primo spermarca. E spiega: «Massimo, quello che mi hai raccontato è molto importante. La tua testa stava per esplodere perché è come se tu volessi far entrare un elefante in una Cinquecento. L'elefante, nel tuo caso, è tutta la pornografia che per molto tempo hai guardato sul computer. Il mal di testa è il segnale che il cervello ha cominciato a mandarti per farti capire che lo stavi riempiendo di stimoli e sensazioni che non è ancora pronto a gestire ed elaborare. Ora bisognerà parlare di tutto questo con i tuoi genitori, perché possano aiutarti a non metterti più nei pasticci, e dovremo imparare insieme a calmare la tua mente, in modo che smetta di soffrire (e di farti soffrire) per tutto quello che è successo in queste settimane».

I genitori rimangono turbati; la mamma, in particolare, osservando i video rimane senza parole: «Nemmeno io, che sono adulta, riesco a tollerare la visione di queste immagini. Mi domando che effetto abbiano potuto produrre sulla mente di un bambino come Massimo».

Il terapeuta avvia con il ragazzo un programma di interventi per smorzare l'attivazione emotiva provocata dalla pornografia. I due parlano dei video e discutono di come l'eccitazione sia un evento fisiologico e naturale, che spinge un preadolescente verso fantasie sessuali e verso la masturbazione. Al tempo stesso, devono approfondire a lungo il tema dei materiali, immagini e situazioni che per settimane hanno saturato le fantasie di Massimo, riempiendole di contenuti inappropriati all'età e al suo livello di maturazione emotiva e affettiva: «A scuola tanti miei compagni dicono che la pornografia è divertente, e anch'io credevo di pensarla così» spiega Massimo.

«Non è divertente, Massimo, è eccitante, e può generare dipendenza. Proprio come hai detto tu: ogni mattina ti dici che da quel giorno ne farai a meno, e poi non sei capace di resistere. È qualcosa che rischia di intrappolarti, soprattutto quando sei così giovane». Divertimento, eccitazione, paura: le parole delle montagne russe ritornano in molte conversazioni tra Massimo e il terapeuta, e pian piano il ragazzo comincia a capire perché una parte così viva e sana della sua mente, attivata dai pensieri e dalle fantasie sessuali tipici della preadolescenza, possa rimanere seriamente danneggiata se "arpionata" da stimoli inappropriati per il livello di maturazione della persona.

Nel frattempo, ai genitori viene consigliato di leggere insieme a Massimo alcuni libri di educazione sessuale adatti alla sua età e di definire in modo chiaro e inequivocabile le regole di famiglia per l'uso del computer e per la navigazione sui siti consentiti. Per più di un mese il PC di casa rimane spento su indicazione del dottore, come per una disintossicazione forzata. Poi rientra a poco a poco nella vita di Massimo, ma solo in presenza dei genitori. Nei pomeriggi senza mamma e papà, il ragazzo viene mandato spesso dai cugini, quasi coetanei: qui, in loro compagnia, non si sente solo né si annoia, ma soprattutto c'è sempre un adulto in casa. Non ha più mal di testa e la sua vita migliora notevolmente. Per quasi un semestre continua ad andare dal terapeuta, con il quale parla di molte cose. Fa chiarezza anche sul suo senso di paura: comprende, confrontandosi con lo specialista, che immaginare l'atto sessuale come lo mostrano i filmini porno gli crea grande ansia. «Davvero fare sesso significa fare quelle cose? Uomini e donne quando fanno l'amore si trattano in quel modo? Secondo te, dottore, anche mia madre e mio padre lo fanno così?». Trova impensabile che tra persone che si vogliono bene possa esistere lo stesso livello di volgarità e rozzezza di quei fotogrammi. A Massimo ha fatto bene essere aiutato a capire che la pornografia fornisce un'immagine stereotipata, che nella vita vera ci si ama in un altro modo, che se un uomo e una donna intendono il sesso come una forma di comunicazione intima e profonda si trattano ben diversamente. Discutere con il terapeuta di queste cose lo ha tranquillizzato.

Infine, un pomeriggio Massimo comunica al dottore: «Credo che possiamo fermarci qui. Dalla prossima settimana, invece di venire da lei, vorrei andare a giocare a calcio». Per lui inizia un nuovo capitolo. Riuscirà, da solo, a liberarsi di tutto quello che la pornografia gli stava inculcando? E quanti sono i ragazzi che, come lui, saturano precocemente le fantasie con materiali così inadeguati alle loro competenze emotive? Soprattutto, che cosa imparano i preadolescenti che costruiscono la propria educazione sessuale su immagini violente, molto esplicite, grossolane e spesso intollerabili anche per lo spettatore adulto?

CRESCERE IN UNA SOCIETÀ "PORNO"

La proliferazione di materiali espliciti e l'enorme disponibilità di contenuti pornografici diffusi non solo in rete, ma anche nella vita di tutti i giorni rappresentano una novità alla quale gran parte dei genitori non sa come far fronte. Soprattutto se, come conferma la storia di Massimo, uno dei modi con cui i giovanissimi provano a socializzare e a scambiarsi informazioni intorno al tema del sesso è la condivisione di immagini e materiali *hot*. La pratica è oggi quanto mai frequente, perfino tra bambini della scuola elementare, e può diventare molto pericolosa, come vedremo tra breve. Tra maschi, da sempre la socializzazione di genere passa attraverso conversazioni e attività connesse all'erotismo, e ora che i contenuti porno sono alla portata di tutti, potrebbero sostituire le battute da caserma, le frasi volgari e i doppi sensi di un tempo. Il fenomeno è già noto a molti educatori e insegnanti in contesti extrafamiliari, che in questi ultimi anni probabilmente sono rimasti stupiti in più occasioni davanti a gruppetti di ragazzini intenti a guardare un video *hard* sul cellulare o sul tablet negli angoli di una scuola, di una palestra o di un oratorio.

Con questo comportamento i maschi cercano di rinsaldare il legame con amici dello stesso sesso e di acquisire uno status nel gruppo dei pari. Naturalmente, viene facilitata anche la nascita di dialoghi e attitudini individuali che rinforzano la visione dell'altro sesso come puro oggetto da usare per il proprio piacere.

Cosa sapete davvero di vostro figlio?

Molti ignorano che i propri figli, fin dalla prima preadolescenza, usino già materiale pornografico.

Altri fanno finta di non saperlo, anche se immaginano cosa facciano i ragazzi chiusi in cameretta con una connessione internet e con la porta chiusa a separarli dal mondo al di là del muro.

Altri ancora ne sono consapevoli e lasciano correre, convinti che un po' di pornografia non abbia mai fatto male a nessuno. I padri sembrano i più indulgenti. Molti pensano (e dicono): "Da ragazzo ho utilizzato materiali pornografici e non ho avuto problemi, quindi presumo che lo stesso valga per mio figlio. Si diventa grandi anche così. Del resto, gli uomini ne sono sempre stati attratti". Questo pensiero spesso ne sottende un altro: che un vero uomo non possa fare a meno della pornografia, e anzi, indirettamente e tacitamente, forse molti padri si sentono gratificati all'idea che il proprio figlio maschio la usi per masturbarsi, perché la considerano una conferma di interesse verso l'altro sesso e un'implicita dimostrazione di virilità. Ma spesso ciò che un genitore crede e pensa è spaventosamente distante da ciò che un figlio fa e integra nel proprio stile e progetto di vita, come dimostra uno studio europeo commissionato da McAfee[1]. Le conclusioni non lasciano adito a dubbi: esiste un preoccupante vuoto tra il comportamento degli adolescenti on-line e ciò che sanno i genitori. Gli adulti sembrano presenti e vicini nelle fasi inziali, come la creazione del profilo Facebook o della casella di posta elettronica, ma poi si allontanano sempre di più dalla vita in rete dei figli. E la lontananza può essere un fattore di rischio, considerata la sempre maggiore precocità con cui i giovanissimi vivono esperienze sul web. Magari diamo per scontato che esista un implicito contratto di "buona condotta on-line" in base al quale il ragazzo, anche se non monitorato e limitato da regole precise, si comporterà seguendo gli stessi codici che valgono per lui nella vita off-line. In questo modo si genera un divario enorme tra ciò che i giovani fanno realmente e ciò che noi ci aspettiamo da loro. Lo studio di McAfee, per esempio, ha dimostrato che un'elevata percentuale di genitori (41%) è

---

[1] La ricerca è stata commissionata da McAfee e condotta da Atomik Research in Francia, Germania, Spagna, Paesi Bassi e Italia, con interviste a 200 genitori di adolescenti e a 200 adolescenti (tra i tredici e i diciassette anni) in ciascuna nazione nel mese di ottobre 2013.

convinta che il figlio adolescente dica la verità sulle sue operazioni su internet e il 72% ritiene che non acceda a contenuti inappropriati. Solo il 9% è convinto del contrario. Ecco, invece, cos'hanno dichiarato i ragazzi:

- il 40% ha ammesso di visitare siti web che mamma e papà disapproverebbero (mentre solo il 28% dei genitori pensa che ne sarebbero capaci);
- il 45% ha visto intenzionalmente video porno, sapendo di compiere un'azione proibita (ma appena il 32% dei genitori se lo aspetta);
- il 26% ha inviato o pubblicato on-line una propria foto in abiti succinti;
- il 25% ricerca immagini di nudo o contenuti *hot*, e il 42% li visualizza fino a due volte al mese (il 6% anche più volte al giorno);
- il 12% ha dichiarato di aver incontrato realmente persone conosciute sul web.

Il 47% dei genitori ha affermato di poter scoprire che cosa stia facendo il figlio in rete, ma solo il 29% degli adolescenti non sa come nascondere il proprio comportamento agli adulti. I più, invece, sono molto abili nel far perdere le tracce delle loro attività digitali.

Ecco alcuni trucchi che usano, a volte o abitualmente:

- il 60% riduce a icona la finestra del browser quando un genitore entra nella stanza;
- il 41% cancella la cronologia;
- il 36% si collega fuori casa;
- il 14% nasconde o elimina i contenuti scottanti;
- il 14% ha creato un indirizzo di posta elettronica sconosciuto ai genitori.

È chiaro che il controllo e i filtri non bastano da soli a prevenire i problemi che i giovanissimi possono incontrare on-line. C'è bisogno di adulti attenti, competenti e capaci di parlare con loro di tutto, in particolare quando in gioco c'è la ricerca di contenuti pornografici e molto espliciti. E la cosa che più può far male a un figlio è che un genitore non sappia o finga di non sapere, e di conseguenza non fornisca limiti e indicazioni educative chiare. Se l'educazione sessuale di un giovanissimo è basata su materiali *hard* accompagnati dal silenzio vuoto e diseducativo degli adulti, è probabile che il ragazzo acquisisca attitudini erotiche problematiche non solo a lungo termine, ma anche sul breve e medio periodo.

Per i nativi digitali, ormai la questione non è più *se*

prima o poi verranno a contatto con filmati porno: è pressoché inevitabile. Il problema è verificare *quando* succederà nel percorso di crescita e che cosa fare per evitare che accada troppo presto rispetto alla loro capacità cognitiva ed emotiva di gestire e integrare tali sollecitazioni (e le emozioni che ne derivano) in un'identità ancora in formazione, favorendo una visione del sesso come risorsa e non come trappola o possibile fonte di dipendenza.

Che cosa si intende per "pornografia"?

Il primo problema è capire che cosa intendiamo esattamente per "pornografia". Alludere a immagini con connotazioni sessuali non è sufficiente, perché l'ambito include anche opere d'arte. La Venere di Milo, i Bronzi di Riace, le statue di cui sono colmi i musei di tutto il mondo, pur rappresentando corpi nudi, non possono certo rientrare nella categoria. Perché un materiale sia considerato pornografico, deve soddisfare tre criteri fondamentali:

1. deve rappresentare almeno un essere umano (o più di uno) coinvolto in un'attività sessuale;
2. la rappresentazione deve includere dettagli accurati degli organi genitali dei soggetti;

3. l'intento del produttore non è emozionare il fruitore, bensì portarlo a uno stato di eccitazione. Nel maschio, spesso significa procurargli un'erezione e spingerlo verso la masturbazione o un rapporto sessuale.

Vanno inclusi, perciò, immagini e video che «rappresentano in modo esplicito e non filtrato in alcuna maniera attività sessuali, mettendo in primo piano azioni di penetrazione di qualsiasi natura e gli organi genitali delle persone coinvolte»[2].

In linea di massima possiamo ritenere molto valida anche la definizione fornita nel 1986 dai responsabili della Commissione sulla Pornografia negli Stati Uniti, che identifica come pornografico ogni «materiale che ha un contenuto predominante di natura sessuale e che è stato prodotto con lo scopo principale di produrre uno stato di eccitazione sessuale nel proprio fruitore»[3].

---

[2] Jochen Peter, Patti M. Valkenburg, *Adolescents' Exposure to Sexually Explicit Internet Material and Notions of Women as Sex Objects: Assessing Causality and Underlying Processes*, in «Journal of Communication», vol. 59, n. 3 (2009), pp. 407-33.

[3] Michael J. McManus, *Final Report of the Attorney General's Commission on Pornography*, Rutledge Hill Pr, Nashville 1986, p. 8.

Insomma, stiamo parlando di stimoli che possono risultare particolarmente intensi e a volte disturbanti per soggetti molto giovani. Di solito, durante la preadolescenza e la prima adolescenza la sessualità deve essere qualcosa da immaginare, su cui fantasticare e sognare. Ma se un giovanissimo si trova spesso esposto a rappresentazioni così esplicite potrebbe esserne non solo eccitato, ma anche turbato o traumatizzato (proprio come è successo a Massimo).

Ieri e oggi

Molti adulti basano le proprie opinioni sulle "incursioni" nel territorio della pornografia compiute quando erano ragazzi. Ma non considerano che molte condizioni si sono modificate e che i nostri figli si trovano a contatto con una realtà completamente differente da quella di due decenni fa.

Un tempo circolavano riviste e videocassette, quindi bisognava procurarsi l'oggetto del desiderio comprandolo e dopo l'utilizzo occorreva nasconderlo o eliminarlo perché i genitori non lo scoprissero. Inoltre, tutto questo aveva un costo e obbligava a "confrontarsi" con un fornitore o rivenditore, di solito adulto. Questi ostacoli imponevano un limite all'esperienza: il costo, il controllo del negoziante, il problema dell'occultamento portavano ad autoregolarsi in modo spontaneo e diretto. A parte pochi fanatici incapaci di farne a meno, la maggior parte di noi sperimentava il porno di tanto in tanto, ma la vita era piena di tante altre cose. E anche gli stimoli erano meno vividi, espliciti, intensi. In effetti, c'è una bella differenza tra il paginone centrale di *Playboy* con una donna nuda e un video su Youporn, con atti sessuali dettagliati e non di rado violenti. Inoltre, questi materiali non si potevano consultare entro le pareti di casa e nella comodità della propria camera.

Oggi, invece, seduti alla scrivania, con tre semplici click, si può accedere a qualsiasi sito: per questo l'esplorazione della pornografia è percepita come un'attività senza alcun limite da parte dei fruitori.

Gli unici in grado di trasmettere il messaggio che si debbano mettere confini alla propria curiosità ed eccitazione in questo ambito sono i genitori. E l'approccio più efficace non è "La pornografia è vietata in casa nostra", bensì aiutare un figlio a comprendere che non è condivisa e apprezzata in base ai valori della famiglia. Una conversazione e un'educazione complessiva sul tema è necessaria, dato l'incremento continuo e significativo del numero di giovanissimi che trovano on-line materiali hard, accidentalmente o meno.[4] E la tendenza è destinata a crescere.

Effetti collaterali

Come adulti dobbiamo gestire una situazione delicata: se da una parte la curiosità e il bisogno di esplorazione dei preadolescenti e adolescenti sono naturali e fisiologici, dall'altra non possiamo ignorare che queste caratteristiche li portano a imbattersi in materiali inadatti al loro livello di maturità e competenza emotiva, con danni e problemi anche significativi.

I rischi sono su due livelli.

1. *Livello psicologico-emotivo*. Come è successo a Massimo, la pornografia on-line potrebbe "intercettare" non solo i circuiti della curiosità, ma anche quelli del trauma. Ovvero, le immagini potrebbero rivelarsi ec-

---

[4] Janis Wolak, Kimberly Mitchell, David Finkelhor, *Unwanted and Wanted Exposure to Online Pornography in a National Sample of Youth Internet Users*, in «Pediatrics», vol. 119, n. 2 (2007), pp. 247-57; Melissa Wells, David Finkelhor, Janis Wolak, Kimberly Mitchell, *Defining Child Pornography: Law Enforcement Dilemmas in the Investigations of Internet Child Pornography Possession*, in «Police, Practice & Research», vol. 8, n. 3 (2007), pp. 269-82, CV96.

citanti, ma allo stesso tempo spaventose e scioccanti, generando un quadro clinico difficile da definire sia per lo specialista, sia per il paziente. Il ragazzo potrebbe ritrovarsi intrappolato in ciò che ha visto anche quando non ne ha voglia e questi pensieri intrusivi potrebbero essere un ostacolo all'apprendimento e alla socializzazione, oltre a rivelarsi destabilizzanti sul piano emotivo. Inoltre, come spesso dicono le persone che vivono una dipendenza, è facile restare vittime di uno schema che spinge compulsivamente a reiterare la frequentazione dei siti *hard*. Se razionalmente il soggetto prova a dire a se stesso: "D'ora in avanti non lo farò mai più", in concreto si scopre a smentire l'affermazione, magari autogiustificandosi con un "Ancora una volta e poi basta". Gestire da giovanissimi una compulsione verso la pornografia senza poterne parlare a un adulto e nell'incapacità di rispettare un patto implicito di "astinenza" a lungo termine può erodere il senso di sé e del proprio valore, con gravi implicazioni anche per l'autostima. Del resto, lo hanno già rivelato molti studi, alcuni dei quali effettuati anche in Italia. Nel corso di una ricerca comparativa su 2000 adulti tra i venti e i trentacinque anni e circa 2000 diciottenni, l'équipe di

Carlo Foresta[5], docente di Endocrinologia dell'Università di Padova, ha rivelato che tra i giovani la fruizione di pornografia on-line è spesso vissuta come una routine e nel 10% dei casi rientra addirittura in un modello di dipendenza ossessiva. Le conseguenze sono una minore ricerca di sesso reale e un'intensa attività di masturbazione, che talvolta assume caratteristiche patologiche.

2. *Livello cognitivo-attitudinale*. In una fase in cui si generano modelli, attitudini, aspettative, pensieri e fantasie relativi alla sessualità, il minore può arrivare a ipotizzare che la visione del sesso, della donna e dei rapporti proposta dalla pornografia sia normale e perciò sia l'esempio cui ispirarsi. Con il tempo, potrebbe convincersi che le cose nella vita funzionino come in quelle pellicole. E questo può rivelarsi un problema, perché, per esempio, rispetto alla relazione di coppia il porno non è certo rispettoso dell'altro e della sua dignità. Secondo gli studi di Andrea

---

[5] Cfr. Carlo Foresta, *Progetto Androlife: salute e sesso*, 21 febbraio 2014, Padova, *http://www.associazionevenetoesalute.it/www.associazionevenetoesalute.it/uploads/foresta.pdf*, e *Too Much Internet Porn May Cause Impotence*, febbraio 2011, *http://www.yourbrainonporn.com/book/export/html/363*.

Dworkin[6], al contrario, presenta una notevole quantità di situazioni, immagini e dialoghi che:

- deumanizzano la donna, presentandola come un oggetto a disposizione dell'uomo;
- lasciano spesso passare il messaggio che provi piacere e godimento nell'essere umiliata o sottoposta a dolore fisico e morale;
- ancora peggio, la rappresentano a volte in situazioni di violenza estrema, compresi abuso, incesto o stupro, in cui manifesta di provare piacere;
- mostrano la donna in pose e situazioni che denotano sottomissione, obbedienza passiva;
- la deumanizzano attraverso la presentazione reiterata di parti del suo corpo, quasi sempre gli organi genitali primari o secondari;
- non di rado, sconfinano addirittura nella rappresentazione di vere e proprie mutilazioni, torture e violenze sul corpo femminile che non hanno alcun riscontro nella vita e nelle esperienze normali delle persone.

---

[6] Andrea Dworkin, Catharine A. MacKinnon, *Pornography and Civil Rights: A New Day for Women's Equality, Organizing Against Pornography*, Minneapolis 1988.

La parola ai papà

Come adulti, genitori ed educatori, alla luce di queste osservazioni dobbiamo decidere quale posizione prendere, quali attenzioni educative riservare a questo tema. In particolare, la questione centrale, secondo me, è che cosa i genitori debbano imparare a dire ai figli, quali messaggi condividere, quali confini e limiti comunicare.

A mio avviso, è fondamentale che soprattutto i padri sentano di dover giocare un ruolo di primo piano nella prevenzione. Tra maschi, parlare di porno e delle riflessioni e preoccupazioni su come potrebbe influire sulle attitudini personali nei confronti del partner, ma anche di sessualità e della nostra visione dell'amore, è molto importante. In più, si fornisce ai figli un modo alternativo di discuterne, spesso fatto di ammiccamenti, banalizzazioni e frasi sconce, con lo stile della chiacchiera da bar e da spogliatoio. Non va trascurato che la letteratura scientifica, seppure con qualche precauzione, ha posto in evidenza che la pornografia può far affiorare nei giovanissimi alcune attitudini latenti, in quanto, soprattutto in età precoce, sembra in grado di:

- interferire con il normale sviluppo sessuale dei minori (per esempio, incoraggiando un inizio precoce dell'attività);

- favorire una pratica e un'accettazione scarsamente problematiche di stili di vita promiscui, oppure considerati ad alto rischio (come rapporti occasionali, relazioni parallele a quella ufficiale, partner multipli);
- generare un disagio sul piano organico, emotivo e relazionale (favorendo sensazioni di vergogna, colpa, ansia, confusione, dipendenza dalla pornografia stessa e riducendo la tendenza a cercare legami nella vita reale);
- indebolire le competenze sociali e la capacità di creare intimità con un'altra persona, oltre a indurre comportamenti violenti in associazione alla pulsione sessuale.[7]

Questo elenco ci comunica che un utilizzo della pornografia senza alcuna mediazione e limitazione, regolazione e controllo da parte dei genitori spinge più di frequente i figli verso pratiche a rischio e indebolisce la capacità di costruire relazioni sociali e rapporti intimi in cui sperimentarsi, per approdare da adulti alla costruzione di storie d'amore degne di questo nome e soddisfacenti sotto tutti i punti di vista.

[7] Colleen Bryant, *Adolescence, Pornography and Harm*, in «Trends & Issues in Crime and Criminal Justice», n. 368 (2009).

PARLIAMONE CON UN FILM

Kamasutra

Paola e Chiara, video musicale, 3,09', Italia 2003

In questo capitolo non vi propongo la visione di un film, bensì di un video musicale. Il video è associato al successo di Paola e Chiara *Kamasutra*, uscito nel 2003. Le due cantanti volevano probabilmente liberarsi del cliché di artiste per ragazzine e allo stesso tempo aggiornare la propria immagine per i fan di sempre, ora cresciuti e non più preadolescenti. La decisione fu di produrre una canzone dal testo sessualmente evocativo e un video in cui mostrare parti di sé (letteralmente) mai mostrate prima al pubblico.

Nel video Paola e Chiara si trovano in una stanza con altri tre adulti (un uomo, una donna dall'aspetto androgino, un altro uomo). Nel corso dei circa tre minuti di durata, le cinque persone si avvicinano e si allontanano in una serie di esplorazioni e interazioni che alludono a tutte le possibili declinazioni di un rapporto. Oltre che una vicinanza e un'intimità erotica tra le due cantanti (evocando anche una possibile relazione incestuosa), si mostrano aspetti associabili al sadomasochismo e allo scambio di coppia, in un clima di esplorazione (appunto), ma che fa pensare anche alla promiscuità.

La situazione è tipica dei film pornografici: più soggetti in un ambiente chiuso, di cui non si conosce la condizione affettiva e relazionale, disposte a "combinarsi" in vario modo in una serie di azioni connotate sessualmente. Allo stesso tempo, traspare una sensazione di "congelamento emotivo", come se tutto fosse svuotato di senso e di calore. Non volendo e non potendo sconfinare nel porno, infatti, le due artiste si sono fermate a una glaciale rappresentazione dei suoi stereotipi.

Guardare il video insieme a un adolescente può essere, però, molto utile. Per esempio, si può provare a chiedere, tanto per cominciare: «Dopo che hai visto il video, puoi farmi una descrizione della storia che racconta, della sua trama?».

Questa domanda "spiazza" tutti i ragazzi (almeno così è successo a me durante i laboratori di educazione sessuale), perché si rendono conto che non c'è alcuna storia da riassumere. Si tratta semplicemente di un catalogo che lascia immaginare allo spettatore una serie caotica di azioni sessuali, senza comunicare nulla: né eccitazione, né emozione. Solo un senso di imbarazzo, disordine e disagio.

A questo punto, possono seguire altre domande "spiazzanti":

- Quali emozioni hai provato mentre guardavi questo video?
- Quali emozioni mostravano i protagonisti?
- Perché una cosa "calda e intima" come la sessualità qui appare, al contrario, una pratica fredda e senz'anima?

Domande simili dovrebbero aiutarvi ad approfondire l'importanza di coniugare il sesso con la relazione, il contatto intimo e profondo tra le persone con le emozioni e il bisogno di prossimità e vicinanza, protezione e condivisione profonda: tutti elementi assenti in questo video. E in questa "non storia".

COME PARLARNE?

Immaginate di trovarvi intorno a un tavolo e di voler parlare di pornografia con vostro figlio. Potreste esordire con un «Adesso io e te ci mettiamo a parlare di una cosa di cui i padri non discutono quasi mai con i figli. Ma io penso che a me e a te sia molto utile approfondire l'argomento e scambiarci qualche idea in proposito».

Ecco, siete già a buon punto. Avete definito il tema della conversazione e lo avete fatto senza girarci troppo intorno. Ora, bisogna entrare nel merito della questione. Ecco i punti che vi consiglierei di affrontare.

1. **La pornografia è molto attraente per gli uomini, ma rischia di diventare una dipendenza.** Le donne sono molto differenti: l'amore amano raccontarlo e descriverlo attraverso le parole. Sono alla ricer-

ca dell'emozione, e solo dopo essersi emozionate riescono ad eccitarsi. Noi uomini funzioniamo in modo un po' diverso: è molto facile eccitarci, ben più complesso emozionarci. Insomma, per dirla in soldoni: è più facile che il sangue ci arrivi al pene, piuttosto che al cuore. Lo so che detto così suona brutto, quasi volgare, ma forse è una verità che un figlio adolescente può comprendere e tollerare senza tanti problemi, soprattutto se a dirgliela è suo padre. Tuttavia, ne deriva una serie di implicazioni che vanno considerate. Abituarsi a un livello costante di eccitazione può rivelarsi da una parte piacevole e gratificante. Dall'altra, può impedirci di cercare altri metodi per sperimentare un livello di felicità più evoluto, e soprattutto per sperimentarlo in due, anziché da soli, ripiegati su se stessi, come succede con la pornografia. Perché alla lunga il rischio è proprio questa costante eccitazione intensa, immediata, che ti cattura subito. Nella vita reale, però, non succede mai così: conquistare la fiducia e l'intimità con un'altra persona implica mettersi in gioco, impegnarsi, preoccuparsi non solo di ciò che proviamo e sentiamo noi, ma anche di ciò che prova e sente chi ci sta di fronte. È questo il fascino del porno: regala sensazioni eccitanti e molto forti senza alcuna fatica. E le rende normali e scontate, al punto che alla fine ci si abitua ad averle sempre a portata di mano e non ci si sforza più di uscire a cercarle fuori. In questo senso, può generare dipendenza, perché funziona come una sostanza stupefacente. Basta schiacciare qualche tasto e tutto entra nella nostra vita e attraverso lo schermo, e gratis. Soprattutto per un giovanissimo, è alto il rischio di rimanere intrappolato in qualcosa che non sa più controllare, perché giorno dopo giorno se ne ritrova a sua volta controllato. Il pericolo è tanto maggiore perché si combina con uno stato biologico in atto in ogni ragazzo: la potente secrezione di ormoni sessuali associata alla pubertà genera una forte attenzione verso tutto ciò che è sesso. Il cervello maschile sembra non esserne mai sazio. E quando viene bombardato con certi stimoli sperimenta un'attivazione che non ha corrispondenti nella vita reale. E ne cerca sempre di più. Tuttavia, questo ciclo, se non viene mai interrotto, ha qualche effetto collaterale: dopo un po', proprio come succede con le sostanze stupefacenti, ciò che una settimana fa ti sembrava molto eccitante inizia a sembrarti normale, quasi monotono. E allora devi andare alla ricerca di immagini più forti, stimoli più intensi, situazioni più estreme, e in questo gioco al rialzo il soggetto dipendente dalla pornografia spende gran parte del tempo libero, fino a ritrovarsi in una trappola da cui non sa più uscire. Ecco perché un padre ha l'obbligo educativo (e morale) di discutere dell'argomento con un figlio, di informarlo del rischio che si nasconde dietro qualcosa che all'inizio sembra solo divertente ed eccitante. E ha anche il dovere di spiegare che "non scegliere il porno nella propria vita" è una questione che si pone ogni giorno anche da adulti, perché se è vero che da ragazzi l'attrazione verso il materiale *hard* è forte e intensa, è anche vero che non scompare con l'età. Noi uomini funzioniamo così: vediamo qualcosa e ci eccitiamo. Ed eccitarsi è gratificante e dà piacere. Ma se anteponiamo la parte cognitiva del cervello (la corteccia grigia) alla parte emotiva (quella che si eccita), possiamo dire a noi stessi che preferiamo vivere ed emozionarci nella vita reale, anziché nella finzione. Ecco la frase che rimarrà per sempre nella mente e nel cuore di un figlio: «Quello che sto dicendo a te, vale prima di tutto per me. Ogni giorno, io scelgo di non guardare materiale porno. In particolare da quando sono diventato padre, credo di volerlo fare non solo per me, ma anche per te. Se io mi controllo, forse riesco a esserti d'esempio e d'ispirazione. In casa nostra, perciò, voglio condividere con te una politica di "tolleranza zero" nei confronti della pornografia. E lo faccio sia perché so che può generare dipendenza, sia perché non condivido il modo in cui racconta la sessualità, l'intimità e le relazioni tra le persone». E a questo punto siete pronti per passare al secondo argomento.

2. **La pornografia racconta una pratica orientata solo alla ricerca del piacere, senza attenzione all'intimità, alla relazione e alle emozioni dell'altro.** Per definizione, ai produttori di materiale porno interessa eccitare lo spettatore, e ai fruitori interessa eccitarsi. Perciò, tutti i contenuti si limitano alla rappresentazione vivida di atti e di organi genitali in primo piano. Mostrano persone che godono, non persone che si amano. Raccontano e portano sulla scena gente che fa sesso, non esseri umani che fanno l'amore. Insomma, la sessualità è largamente dissociata da qualsiasi forma di intimità e relazio-

ne, e gli individui non manifestano alcuna connessione intima né affetto reciproco. Francamente, ha ben poco di umano, perché chi la pratica potrebbe facilmente sostituire i soggetti coinvolti: non sono loro a essere interessanti, ma una parte specifica del loro corpo e ciò che con quella parte si può fare. Aiutare un figlio a comprendere profondamente la differenza tra fare sesso e fare l'amore è di importanza fondamentale in ogni percorso di educazione sessuale. Lo dicono anche le ricerche: ciò che un adolescente "impara, pensa, sente e valuta" intorno alla pornografia è molto variabile non solo in base ai materiali che ha guardato, ma anche in base ai valori che gli sono stati proposti per interpretarli. La posizione di un ragazzo che guarda un video *hard* senza mai aver avuto alcuna conversazione in merito con l'uomo più importante della sua vita (il padre) è ben diversa da quella di un adolescente che avverte l'eccitazione, ma è anche consapevole che ciò che vede presenta aspetti problematici. Ci sono elementi che non si vedono, perché non compaiono sulla scena, ma possono essere pensati, perché appartengono al mondo delle riflessioni e dei valori che un figlio ha acquisito nella relazione educativa con gli adulti di riferimento. Grazie a questi, possiamo aiutarlo anche a considerare il ruolo assegnato alla donna dalla pornografia, e siamo al terzo punto.

3. **Nel porno la donna ha un ruolo passivo e sottomesso, per il maschio è solo un oggetto di piacere, non un soggetto con cui entrare in relazione.** Le donne sono spesso (ma forse dovremmo dire quasi sempre) rappresentate come disponibili a qualsiasi accoppiamento con un uomo che le prende e "se le fa", proprio come un oggetto. Oppure, sono creature assetate di sesso, che dagli uomini cercano solo questo e che traggono piacere da qualsiasi cosa il partner faccia su di loro e con loro, senza alcuna negoziazione su ciò che viene considerato accettabile, desiderabile e condivisibile all'interno del rapporto.[8] Vengono amplificati a dismisura due stereotipi femminili che nella realtà non solo non esistono, ma che le donne stesse, con le battaglie femministe, con l'affermazione della propria dignità e dei pari

---

[8] Dolf Zillmann, *Influence of Unrestrained Access to Erotica on Adolescents' and Young Adults' Dispositions Toward Sexuality*, in «Journal of Adolescent Health», vol. 27 (2000), pp. 41-4.

diritti nella vita privata e pubblica, professionale e sociale, hanno cercato in tutti i modi di combattere: la schiava del piacere del partner (disposta a tutto per farlo godere) e la ninfomane, interessata all'uomo solo in quanto essere in grado di soddisfare la sua fame insaziabile di piacere. È chiaro che una simile immagine delle donne (e degli uomini che le utilizzano in questo modo) fa comodo al porno perché permette di inscenare una serie infinita di atti sessuali senza costruirvi intorno alcuna trama né contenuto. Ma è anche chiaro che non corrisponde alla realtà, ai desideri degli esseri umani, e fornisce una visione della sessualità autistica, malata e profondamente diseducativa, soprattutto per soggetti in età evolutiva, che intorno a questi stimoli costruiscono attitudini, aspettative, norme sociali. Ogni padre dovrebbe saper raccontare che nella propria compagna di vita, nelle fidanzate dell'adolescenza e della giovinezza non ha mai cercato (né trovato) una donna che corrispondesse ai cliché delle pornostar. Perché nella quotidianità amore, sesso e intimità vengono comunicati e condivisi in modi molto differenti. Saper prendere le distanze dai (dis-)valori raccontati dalla pornografia, guardarla con occhio critico, rifiutando il suo fine di pura eccitazione, significa permettere a un figlio di assumere progressivamente una visione più matura e consapevole dell'altro sesso, che gli aprirà possibilità di scambio e di incontro su un livello molto più completo, complesso e quindi soddisfacente sul piano umano.

4. **La pornografia mostra il sesso come uno sport in cui tutti danno sempre il massimo, nessuno ha mai problemi e godimento e piacere sono garantiti, continui e amplificati a dismisura.** Nella vita reale, il sesso non è solo piacere. È anche sintonizzazione e sincronizzazione sui bisogni dell'altro. È ascolto e conoscenza del proprio corpo, ricerca di armonia ed equilibrio. È qualcosa che non deve essere accelerato né forzato. Può essere tanto soddisfacente, quanto deludente. Può farci sentire potenti, ma anche deboli e incapaci. E soprattutto i ragazzi, alle prime esperienze, possono trovarsi in balia di emozioni e sensazioni complesse, che rendono l'attività molto differente da come l'hanno vista nei film porno. Un giovane adolescente che inizia a sperimentare la sessualità pensando di funzionare come un pornoattore potrebbe trovarsi in seria difficoltà.

L'ansia da prestazione, unita all'inesperienza, può portarlo a scoprirsi ben lontano dal suo modello. E il senso di vergogna e di inadeguatezza provati nel tempo creano problemi tanto più seri quanto più il giovane tende a comparare le sue reali prestazioni con le pellicole *hard*, in cui gli uomini sono abili, potenti e prestanti. Di fronte a un'eiaculazione precoce o a una transitoria impotenza per ansia da prestazione, l'adolescente potrebbe convincersi di non valere nulla. Di conseguenza, inizierà a sovraccaricare ogni rapporto di tensione, la prima nemica della salute sessuale maschile. È anche per questo che gli adulti, soprattutto maschi, hanno il dovere di raccontare la verità e di testimoniare, anche mettendo in gioco la propria esperienza, quanto la fantasia e i filmini porno siano lontani dalla verità. La carenza assoluta di educazione sessuale e il silenzio degli adulti non possono che peggiorare le cose, portando i ragazzi ad affidarsi sempre di più ai messaggi trasmessi dai media che hanno a portata di mano. E allora la situazione può trasformarsi in un boomerang, con ricadute autolesive. Se da una parte, infatti, il minore può provare un forte senso di ansia e inadeguatezza quando immagina di doversi attenere a certi standard, dall'altra può imboccare una direzione esattamente opposta: se non ha esperienze nella vita reale, potrebbe iniziare a ripetere situazioni, stereotipi e comportamenti visti su internet, trasformando la partner in una bambola di plastica e aspettandosi che si comporti come una pornostar. Chiaramente, una ragazza molto giovane non seguirà mai questo copione e il divario tra le attese e la realtà nel corso dei primi approcci sessuali potrebbe rivelarsi molto problematico per entrambi.

5. **La pornografia incita a fare sesso per puro piacere, senza conseguenze emotive e senza implicazioni sulla salute psicofisica delle persone.** Il sesso non è uno sport basato sul contatto tra i corpi di due persone consenzienti che decidono di ottenere piacere l'una dall'altra. La sessualità arriva anche al cuore e alla testa. Accende sentimenti e bisogni di relazione profondi, che, se non condivisi in ugual misura tra i due partner, rischiano di generare molte complicazioni. Nonostante la pornografia presuma che si possa fare sesso con chiunque in qualsiasi posto e in qualunque momento, la realtà impone molte più precauzioni. Anche se un ragazzo pensa

che tutti i suoi coetanei siano già precocemente attivi (convinzione rinforzata dal porno, dove tutti hanno un'unica preoccupazione: trovare un partner per un rapporto sessuale), la verità è ben differente. La maggioranza degli adolescenti è vergine. L'età media del primo rapporto si aggira intorno ai diciassette anni, perciò se il 50% dei diciassettenni è già attivo, la restante metà sta ancora aspettando. Perché a volte aspettare, soprattutto in questo campo, può risultare molto utile e vantaggioso. Gli adulti non hanno più il coraggio di lanciare un messaggio che "rallenti" la voglia di diventare grandi dei figli. Hanno paura di fermare la loro rincorsa verso il tutto e subito. Ma oggi più che mai un freno potrebbe risultare significativo per chi sta crescendo, specie se a lanciarlo è un papà. Purtroppo, le ricerche sembrano confermare un'associazione tra maggiore esposizione alla pornografia in età precoce e maggiore intenzione di avere rapporti. Il motivo potrebbe forse annidarsi nei numerosi messaggi dei media, che spingono il gruppo dei pari a considerare il sesso sempre più normale. I vantaggi e il piacere che una relazione sessuale regala, la pressione dei coetanei e la pubblicità fanno il resto. Rispetto ad altre variabili, la pornografia sembra essere la più influente nel favorire la tendenza a considerare le donne come oggetti sessuali[9] e nell'anticipare il debutto erotico. Ma se questa è la norma sociale, noi educatori dovremmo essere sufficientemente presenti, coinvolti e credibili per trasmettere ai figli altri valori e informazioni, altre norme ed esempi, che fungano da rumore di fondo capace di generare un pensiero critico. Forse a molti ragazzi interesserebbe poter rinviare ancora un po' l'inizio dell'attività e a quattordici anni pensare al sesso come a qualcosa da immaginare, su cui fantasticare, senza trasformarlo per forza in azione immediata con il primo amore. Forse anche alle ragazze piacerebbe sapere che chi le ama sa desiderarle, sognarle e aspettare, senza l'ansia di averle dopo una settimana di frequentazione. Troppi adulti temono che sostenere conversazioni sull'argomento li renda antichi e bigotti agli occhi degli adolescenti. Ma un conto è esprimere questi concetti con

---

[9] Jochen Peter, Patti M. Valkenburg, *Adolescents' Exposure to a Sexualized Media Environment and Their Notions of Women as Sex Objects*, in «Sex Roles», vol. 56 (2007), pp. 381-95.

lo stile della predica morale, e un conto è inserirli in una relazione basata su un reale interesse per il bene dell'altro, animati non dall'ansia di doverlo proteggere (in quanto bambino), bensì dal desiderio di regalargli un paio d'ali, in quanto individuo che si sta formando e futuro adulto. E invece, spesso il nostro atteggiamento equivale a dire: "La pornografia on-line in effetti è un problema per i nostri figli. Del resto, è dappertutto. Quindi che cosa possiamo farci?". Possiamo fare molto. Moltissimo. A partire da quanto abbiamo imparato in questo capitolo.

3

IL *SEXTING*

—

Distruggersi la reputazione postando il peggio di se stessi

LUCIA: UNDICI ANNI E UN RAGAZZO CHE CHIEDE TROPPO

Lucia ha undici anni, genitori separati e una vita che va veloce. Mamma e papà, nonostante il fallimento della coppia, hanno mantenuto una buona intesa sull'educazione della loro unica figlia. Si chiamano, si parlano, discutono di regole e permessi e cercano di comunicarle una visione condivisa circa le aspettative che nutrono nei suoi confronti. Fino alla quinta elementare, nessun problema, ma l'ingresso in prima media comporta una rivoluzione. Lucia ha già avuto il menarca, è in pieno sviluppo sessuale ed è decisamente bella. Inutile dire che a scuola non passa inosservata e i ragazzi, soprattutto quelli di terza, fanno a gara per conquistarsi le sue attenzioni.

La mamma, con cui convive per la maggior parte del tempo, ha posto regole precise sugli orari di uscita e rientro, che vengono rispettati, ma non sa che quando è fuori la figlia incontra una compagnia di ragazzi più grandi, compresi due ripetenti. Uno in particolare, Bruno, sedici anni, bocciato due volte, frequenta per la seconda volta la terza media nella sua scuola e la corteggia assiduamente.

Lei, un po' perché comprende che la differenza di età è notevole, un po' perché ha paura che la mamma, se lo sapesse, si arrabbierebbe e le imporrebbe limiti ancora più restrittivi, decide di lasciare in sospeso la proposta di Bruno. Per un po' rimangono amici, ma non stanno insieme.

Tuttavia, la relazione subisce una strana e inaspettata evoluzione nelle comunicazioni via SMS.

Bruno comincia a inviarle messaggi molto espliciti e sempre più spinti, in cui le descrive nei dettagli cosa gli piacerebbe fare con lei, e cosa vorrebbe che lei gli facesse, se stessero insieme. Lucia si ritrova sul cellulare numerosi SMS davvero *hard* e per paura che qualcuno li scopra comincia a vivere con il cellulare sempre in mano, senza mai lasciarlo in giro. Anche se a scuola ci sono regole precise che ne vietano l'uso nelle ore di lezione, lei lo infila nello zaino togliendo la suoneria. Se vibra, nessuno lo può sentire. Quando torna a casa, se lo tiene incollato addosso come una protesi. La mamma nota che nel passaggio dalla quinta elementare alla prima media ci sono stati molti cambiamenti nella figlia, primo tra tutti il rapporto con il telefonino. «Ma io» spiegherà poi «lavoro in un locale pubblico in cui ogni giorno transita un gran numero di persone, e so come funzionano queste cose. Il telefonino è lo status symbol per i preadolescenti. Ne hanno bisogno come dell'aria e del cibo. Perciò, non mi sono preoccupata più di tanto nel vedere che Lucia non lo mollava mai, nemmeno a tavola, e che quando andava a letto lo metteva sotto il cuscino. Forse ero più preoccupata dei danni delle radiazioni di cui ogni tanto si legge sul giornale. Non avrei mai immaginato che attraverso il cellulare mia figlia, così giovane, ma anche così semplice e spontanea, potesse mettersi nei pasticci o trovarsi in pericolo».

Per settimane la vita di Lucia prosegue su due canali paralleli: da una parte c'è la vita reale, tra famiglia, scuola e incontri con gli amici su una panchina. Dall'altra, c'è un mondo proibito che si manifesta sotto forma di SMS sempre più espliciti, che le provocano ansia e confusione. «Quando Bruno ha cominciato a scrivermi quei messaggi, io non sapevo che cosa pensare. Non mi era mai successo nulla del genere. E molte cose che mi chiedeva di fargli, o che diceva di voler fare a me, io non riuscivo nemmeno a immaginarle. A casa mia nessuno mi ha mai parlato di sessualità e avevo ben chiaro che per i miei genitori l'argomento doveva rimanere un tabù. All'inizio, ci sono rimasta male per le frasi che Bruno mi scriveva. Le trovavo imbarazzanti e volgari, ma al tempo stesso, devo ammetterlo, mi faceva piacere che un ragazzo della sua età si interessasse a me, molto più giovane e appena entrata alle medie. Quando le altre mi vedevano insieme a lui, a me sembrava di essere cresciuta di tre anni in un giorno. E devo dire che questa storia mi aveva conferito uno status di prestigio tra le mie coetanee, che spesso ancora venivano a scuola accompagnate dalla mamma e il pomeriggio non potevano uscire, se non per andare a qualche corso o a catechismo».

Lucia, perciò, inizia a mettersi in gioco con Bruno, anche se solo tramite SMS. Nelle uscite pomeridiane si limita a incontrarlo insieme agli altri, senza mai concedergli il permesso di toccarla o baciarla, ma nei messaggi la relazione diventa sempre più bollente. Fino al giorno in cui Bruno le chiede di inviargli una sua foto a seno nudo. Questo il testo: «Mi fai impazzire e non poterti toccare e baciare mi fa morire. Almeno fammi vedere quanto sei figa e mandami una tua foto nuda». Lucia all'inizio gli dà del porco e gli chiede se è matto, ma di nuovo non può negare di sentirsi lusingata e apprezzata. Nei giorni seguenti, si susseguono numerosi SMS in cui il ragazzo insiste e lei finge di voler resistere, ma infine stringono un patto: lui avrà la famosa foto a seno nudo, ma in cambio le invierà la fotografia del tatuaggio che si è fatto sul petto, perché Lucia possa averla sempre nel cellulare. Avviene lo scambio: Lucia mette l'immagine di Bruno come *screensaver* del telefonino, mentre il ragazzo deve conservare quella di lei in una memoria segreta e non mostrarla mai a nessuno.

Ma i genitori notano tutto questo trafficare intorno al cellulare e progressivamente assumono posizioni discordanti. Secondo la mamma, le preadolescenti di oggi sono tutte uguali, vivono con il cellulare incorporato e non se ne staccano neanche per un secondo. Per lei, è sufficiente dire alla figlia che non approva l'uso eccessivo dello smartphone e raccomandarle di non esagerare. «Non ho mai pensato» dirà poi «di porre limiti particolari, perché a scuola è sempre andata bene e non ha mai combinato nulla per cui dovessi realmente punirla. Certo, non mi piaceva che, quando mi avvicinavo a lei mentre digitava, chiudesse tutto oppure appoggiasse il telefono con lo schermo sul tavolo per non farmi vedere. Pensavo che a quell'età avesse diritto a un po' di privacy. Io non volevo violare più di tanto la sua intimità».

Il papà, invece, la pensa in un altro modo: «Io posso stare con Lucia solo una sera in settimana e un week-end ogni quindici giorni. E in tutta sincerità, vederla sempre attenta e concentrata solo sul telefonino mi dava molto fastidio. Trovavo che nella sua ossessione a non volersene mai staccare ci fosse qualcosa di anomalo, quasi patologico. Anche a me non permetteva di sbirciare, ma secondo me una ragazzina di undici anni è troppo piccola per coltivare segreti inconfessabili agli adulti che sono responsabili e si prendono cura di lei. Dopo averla ripresa in più occasioni, averle chiesto di mostrarmi cosa c'era sul cellulare, ottenendo sempre rifiuti perentori, un sabato notte ho lasciato che si addormentasse, poi sono entrato in silenzio nella sua stanza, ho preso il cellulare e ho cominciato a curiosare tra i messaggi. E lì ho fatto la brutta scoperta».

Il papà di Lucia, quella notte, fatica a prendere sonno. La corrispondenza con Bruno lo ha spaventato molto, perciò al mattino, prima che la figlia si svegli, chiama la ex moglie, le racconta cos'ha scoperto e le chiede se è disponibile a raggiungerlo a casa sua per affrontare la ragazza al risveglio, in modo da mostrarsi uniti e condividere una comune linea educativa. La mamma si dichiara d'accordo e si precipita sul posto. Quando Lucia si alza, ha la sorpresa di trovarsi davanti, per una volta ancora insieme, entrambi i genitori. «Siamo molto preoccupati per te e per tutto quello che abbiamo scoperto nel tuo cellulare» le dicono. Il padre le racconta ciò che ha letto, le spiega che sa della sua storia e verifica con lei le foto che, stando ai messaggi, i due ragazzi si sono scambiati. A quel punto, si scopre anche dell'immagine a seno nudo inviata a Bruno senza riflettere sulle possibili implicazioni e conseguenze del gesto. La mamma e il papà sono sgomenti: com'è stato possibile che la figlia si sia spinta tanto in là, che abbia fatto cose per loro inimmaginabili?

Seduta stante, prendono la decisione di requisire il telefonino per almeno un mese: «Poi valuteremo insieme se e come potrai riaverlo». Lucia grida che non ne può più di due genitori così antichi, che le fanno la morale, ma che si sono separati e nella vita hanno fatto quello che volevano. La frase colpisce al cuore la mamma, che l'indomani si presenta dal terapeuta piena di rabbia nei confronti della figlia, di sensi di colpa verso se stessa e di senso di inadeguatezza per non aver compreso quanto stava accadendo. Nei giorni seguenti, Lucia si chiude in un silenzio ostinato che sembra fatto apposta per punire la severità degli adulti. Ma in quel silenzio riesce anche a riprendere contatto con se stessa e a rivedere tutto in modo più oggettivo. Soprattutto, ha più tempo per parlare con un'amica, l'unica che abbia l'autorizzazione a entrare in casa dopo quel week-end, e le racconta tutto.

Il venerdì seguente, Lucia raggiunge la mamma in cucina. È pronta a rompere il grande silenzio. «Mamma,» le dice «penso che tu e papà abbiate fatto bene a intervenire. Con Bruno le cose stavano andando troppo veloci e mi scriveva cose che non mi sarei mai aspettata da un ragazzo. Io non sapevo bene cosa fare con lui e avrei tanto voluto parlartene, ma avevo paura che ti arrabbiassi con me e mi punissi. Perciò la situazione è peggiorata. Ma ora credo di aver capito perché tu e papà avete agito così, e ve ne sono grata. Se non mi aveste fermata, avrei potuto fare di peggio». Dopo la dichiarazione, la mamma le va incontro, la abbraccia forte e rimangono unite in un abbraccio che dura più di un minuto, lì al centro della cucina.

IL *SEXTING*: UN FENOMENO TUTTO NUOVO

Sexting: la parola era pressoché sconosciuta soltanto dieci anni fa; oggi, invece, è sulla bocca di tanti ragazzi. E per genitori ed educatori rappresenta un incubo. Nata dalla crasi delle parole inglesi *sex* e *texting*, descrive l'atto di condividere messaggi, immagini o video a contenuto sessuale più o meno esplicito, prodotti attraverso cellulari, computer, tablet, palmari e scambiati via chat, social network e programmi di messaggeria istantanea.

La pratica del *sexting* ha un rituale ben preciso: prima si scattano foto o si girano video di se stessi in pose provocanti o addirittura durante un atto sessuale, poi si inviano tramite MMS, chat, WhatsApp, e-mail, oppure le si posta su FaceBook. Non è diffusa solo tra gli adolescenti, ma ha numerosi adepti anche tra giovani e adulti.

Se ne parla molto solo da pochi anni, perché il fenomeno è diventato epidemico con la diffusione capillare dei computer e l'avvento degli smartphone di ultima generazione, dotati di videocamere digitali integrate, ora accessibili su scala mondiale e a basso costo grazie alle innovazioni tecnologiche. Gli smartphone, in particolare, hanno ormai sostituito del tutto i vecchi telefoni cellulari, in grado solo di inviare e ricevere SMS e telefonate. Oggi, se un genitore vuole dotare un figlio di un telefono mobile, è praticamente costretto a regalargli uno smartphone, perché i modelli meno avanzati sono quasi irreperibili sul mercato.

Dal momento che il *sexting* è un fenomeno nuovo e poco conosciuto, la ricerca sta cominciando ora a definirne diffusione e fattori di rischio, e a individuare possibili protezioni. Di conseguenza, è ancora difficile comprendere quali aspetti siano oggettivamente pericolosi per il minore, oppure illeciti o criminali, e quali, invece, siano da considerarsi normali manifestazioni delle prime esplorazioni amorose e sessuali dei giovanissimi.

Per esempio, cosa dovremmo pensare di una ragazza di prima superiore che vive il primo vero amore della sua vita e che, non sentendosi ancora pronta ad avere rapporti completi, decide comunque di inviare al ragazzo la propria foto a seno nudo, come segno di dedizione a lui e dell'esclusività del loro legame? Sta necessariamente facendo qualcosa di sbagliato e pericoloso?

In realtà, in questo caso il *sexting* ha perfino un significato protettivo. Non volendo rinunciare a un coinvolgimento sessuale con l'altra persona, ma al tempo stesso non volendo arrivare ancora al rapporto completo, la giovane sposta tutto su un piano virtuale, supportata dalle nuove tecnologie.

A partire dalla preadolescenza, ognuno ha bisogno di inventare un proprio "codice comportamentale" per i nuovi bisogni fisici che sente. Definirà cosa intende fare in questo campo e cosa no. Nei primi anni, il codice si riferisce soprattutto a comportamenti solitari e autoriferiti: la masturbazione, la ricerca di informazioni, immagini e contenuti sessuali sono tutte attività praticate dai giovanissimi per esplorare quest'area per loro ancora sconosciuta. Di qui, potranno poi spostarsi nel territorio dell'interazione e della condivisione con gli altri. Ma negli ultimi anni, la diffusione dei social network e la disponibilità di strumenti di comunicazione digitali e tecnologici ha aperto nuove forme di esplorazione. Molta parte del sesso si può fare in modo virtuale, senza mettersi in gioco concretamente. Il corpo nudo può essere condiviso attraverso un autoscatto o la webcam, senza che l'altra persona possa toccarlo. Ci si può mostrare disinibiti e pronti a tutto davanti a un computer, ma non comportarsi affatto così nella vita reale. In chat, si può fingere di essere molto diversi da come si è davvero, ossia generare identità alternative. E tutto questo alimenta il gioco della fantasia, della curiosità, dell'esplorazione e dell'eccitazione, di cui i giovanissimi sono affamati e in apparenza insaziabili, anche in risposta a un ambiente socioculturale che li spinge in quella direzione.

In questa accezione il *sexting* potrebbe essere considerato un atto sessuale attraverso cui esplorare alcuni aspetti (curiosità, eccitazione, stimolazione dell'interesse e del desiderio dell'altro) in una modalità protetta. Grazie alle immagini, l'adolescente può dire a se stesso e al partner che è in grado di entrare in intimità con qualcuno senza dover arrivare al rapporto concreto.

Perché ha tanto successo

Gli adolescenti si trovano in continuazione a iniziare e chiudere storie d'amore. Ogni relazione provoca emozioni forti sia nella fase inziale, sia in quella finale. La conquista e la reciproca conoscenza, i rituali di corteggiamento, sono processi a cui molti ragazzi non potrebbero mai rinunciare. Peccato che questi rapporti abbiano spesso durata breve e che quando finiscono lascino ferite e cicatrici emotive profonde. Gli adulti spesso tendono a minimizzare queste sofferenze, ma forse è solo perché hanno dimenticato di essere stati anche loro adolescenti e di aver patito le stesse pene. Alcuni giovani innamorati faticano a comprendere chiaramente le emozioni in gioco in questi passaggi. Per loro, l'Amore è sempre con la "A" maiuscola e per questo vorrebbero far sentire l'altro al centro del proprio cuore, della propria attenzione, dei propri interessi. Allo stesso tempo, potrebbero sentirsi timidi e insicuri, o provare ansia e paura davanti a un amore così forte e intenso. Il *sexting*, allora, offrirà una specie di "palestra" in cui misurarsi con l'immagine del loro corpo sessuato, e con l'imbarazzo che suscita l'idea di condividerlo con qualcuno. Capita, quindi, che i nostri figli si buttino in un *sexting* che potremmo definire "sperimentale", un comportamento parafisiologico, perché funge da «esercizio grazie al quale un ragazzo si mette alla prova e si sperimenta per verificare prima di tutto con se stesso e poi con l'altra persona come riuscire a gestire l'imbarazzo, avere più controllo della propria immagine, ridurre o almeno rimandare le pressioni verso una maggiore intimità nel mondo reale»[1]. Grazie a queste prove e incursioni nella virtualità, l'atto concreto può essere rimandato a un tempo futuro.

---

[1] Janis Wolak, David Finkelhor, *Sexting: A Tipology*, Crimes Against Children Research Center, University of New Hampshire, marzo 2011; Silvia Bronzin et al., *Sexting: epidemiologia del fenomeno*, in «Minerva Pediatrica» (in corso di stampa).

I PERICOLI

Il *sexting* va incluso tra i comportamenti problematici e a rischio quando ha il solo scopo di rispondere a sollecitazioni narcisistiche o di calamitare l'interesse dell'altro. In un periodo storico e in un contesto socioculturale in cui i figli imparano che tutto ciò che li rende seducenti è positivo e può servire ad acquisire uno status nel gruppo dei pari, il ricorso alla pratica, specie tra le ragazze molto giovani, può diventare un indicatore di sessualizzazione precoce e contribuire a sviluppare un'idea di sessualità non inclusa in una relazione, bensì intesa come strumento per raggiungere altri scopi, quali popolarità, ammirazione e accettazione nel gruppo delle più disinibite.

Un altro aspetto che molti giovanissimi non considerano è che fare *sexting* durante le prime storie d'amore significa praticare qualcosa di cui molto probabilmente perderanno il controllo nel giro di poco tempo. Spesso, infatti, sono del tutto inesperti nella gestione delle dinamiche di una relazione, soprattutto quelle affettive, che possono risultare molto complesse. Per esempio, una quattordicenne che invia una propria foto a seno nudo al nuovo fidanzatino può non prevedere che, se un domani deciderà di lasciarlo o gli preferirà un altro, il ragazzo potrebbe sentirsi frustrato e arrabbiato al punto di usare l'immagine per vendicarsi. Alcuni amici comuni potrebbero vedersela recapitare sul cellulare con epiteti del tipo: «Guardate che zoccola quella che mi mette le corna. Una così meglio lasciarla che tenersela».

Simili dinamiche sono sempre esistite e imparare a gestirle richiede tempo, maturità ed esperienza, che spesso mancano all'inizio dell'adolescenza. Per questo il *sexting* può rilevarsi fortemente autolesivo ed è bene che un giovanissimo impari a non praticarlo e a non produrre né diffondere mai immagini di sé in situazioni compromettenti o in atteggiamenti sessualmente espliciti.

CHE COSA DEVE SAPERE UN FIGLIO

Ecco che cosa dovrebbe sapere vostro figlio sul *sexting*.

1. **Può essere un autogol.** Fare *sexting* può compromettere la propria immagine e reputazione, con risvolti inaspettati e sgradevoli sia nel presente, sia nel futuro. Per esempio, nel gruppo di amici una foto "bollente" può diventare causa di derisione o di esclusione, può essere usata per mettere in

imbarazzo, innescare fenomeni di cyberbullismo, condizionare le relazioni con i pari e con potenziali partner, creare stress psicologico. La cronaca ha spesso riportato casi di giovanissimi che si sono ritrovati esposti in modo umiliante al giudizio degli altri per colpa di queste immagini e ne hanno sofferto tanto da sviluppare patologie cliniche. Ma il pericolo sta anche nel futuro. Chiunque si sia fatto riprendere in pose *hot* si rende automaticamente ricattabile. La cronaca è piena di personaggi noti che hanno dovuto abbandonare i propri sogni perché da un cassetto sono uscite foto compromettenti appartenenti al passato. È chiaro che una leggerezza compiuta a quattordici anni non può rovinare del tutto la carriera o l'immagine pubblica di qualcuno trent'anni dopo, ma è importante riflettere con un figlio su un punto: ciò che facciamo oggi e che ci sembra fantastico potrebbe ritorcersi contro di noi come un boomerang tra qualche anno. Lo stesso discorso vale quando discutiamo con i ragazzi dell'opportunità o meno di farsi un tatuaggio o un piercing. L'idea di fondo rimane la stessa: rimandare ogni azione definitiva alla maggiore età, quando saranno in grado di decidere da sé.

«Sei troppo giovane per farlo»

Quanti, almeno una volta, hanno detto a un figlio di non compiere un'azione perché è troppo giovane? E quanti se lo sono sentito dire quando erano adolescenti? Non c'è niente di più irritante per un ragazzo. Ma non c'è niente di più giusto, e a volte può salvare addirittura la vita. Soprattutto durante la preadolescenza e la prima adolescenza i giovani sono in balia di ciò che sentono, più che del pensiero razionale. Le emozioni hanno il sopravvento sulle riflessioni. Sono le neuroscienze a consigliarci di insegnare loro a rimandare di qualche anno alcune scelte rischiose, per uscire dal periodo "faticoso" della prima adolescenza, quando la parte emotiva del cervello è sviluppata al massimo, mentre quella cognitiva si sta modificando profondamente. Come possiamo constatare ogni giorno, questa fase dura fino ai sedici anni. Le emozioni si accendono e li accendono improvvisamente. I pensieri vengono dopo, molto dopo, a volte non arrivano mai. Tanti ragazzi, quando combinano pasticci o fanno errori, rispondono all'adulto che chiede loro conto: «Non ci avevo pensato. È successo perché non ho considerato le conseguenze».

2. **Può alimentare pregiudizi in futuro.** Ciò che viene pubblicato on-line difficilmente è eliminabile per

sempre: rimane nella rete, accessibile a chiunque, compresi datori di lavoro futuri, istituzioni accademiche, familiari, amici e conoscenti. È importante che i nostri figli, la prima vera generazione di nativi digitali, siano consapevoli che chi dovrà valutarli per qualsiasi ragione (una posizione lavorativa, l'ammissione a un'associazione sportiva, la candidatura per un partito politico) non verificherà solo il loro *curriculum vitae*. Nella maggior parte dei casi, un esperto informatico cercherà anche le informazioni reperibili on-line, scovando tutto ciò che è stato seminato nel web sul loro conto. In rete nulla può essere distrutto e ogni attività che vi abbiamo svolto, inclusi i post sui social network, costituirà le nostre impronte digitali.

3. **Può esporre a conseguenze penali.** Anche se i ragazzi non ci pensano mai, possedere immagini a sfondo sessuale di minorenni può esporli al rischio di un procedimento penale, secondo la legge contro gli abusi sui minori e la pedopornografia. Se poi le immagini vengono distribuite all'insaputa del soggetto fotografato, il reato si aggrava, diventando non solo di detenzione, ma anche di distribuzione. Non va dimenticato che una fotografia

in rete potrebbe essere intercettata da qualunque sconosciuto e per gli scopi più disparati. Per gli adolescenti è difficile considerare tutti questi fattori, perché magari scattano la foto per un uso estemporaneo. E anche noi adulti spesso fatichiamo a discutere con loro di tutti questi aspetti. Siamo abituati a immagini e materiali cartacei, che implicano altri tempi e modalità di creazione e diffusione. Non dobbiamo mai dimenticare che nell'era digitale tutto ciò che viene immortalato in un click o in pochi secondi di ripresa e poi distribuito a una o più persone in un millisecondo permane nel sistema più a lungo della nostra vita media. Insomma, nella rete tutto si può creare e nulla si può distruggere. Proprio la correlazione tra azioni semplici, immediate e ingenue dei giovanissimi e usi criminali del materiale prodotto ha portato gli esperti a parlare di "*sexting* aggravato": un'immagine o un video realizzato da un minore può provocare, cioè, minacce, estorsioni, abusi sessuali, comportamenti persecutori in seguito a conflitti personali, creazione e diffusione del materiale presso terzi, senza o contro la volontà del soggetto ritratto.

A PAROLE NOSTRE

Di seguito riporto alcuni temi e argomenti da approfondire con un preadolescente per aiutarlo a usare precauzioni e a fare attenzione quando posta immagini proprie o di altri con riferimenti e connotazioni sessuali. Ho provato a fornirvi un testo "canovaccio" per una conversazione a tu per tu con vostro figlio, immaginando cosa potreste dirgli mentre lo guardate negli occhi. Potete leggerlo insieme o trarne ispirazione.

Che cos'è il *sexting*

Io e te prima d'ora non abbiamo mai parlato di *sexting*, ma penso che sia importante farlo. Il *sexting* riguarda qualsiasi immagine che ritragga una persona in atteggiamenti sessualmente espliciti. Dopo averla scattata, la foto viene postata e inviata a destinatari che la aspettano, o magari no, perché nemmeno l'hanno richiesta. In apparenza, può sembrare uno scherzo come un altro, oppure un gesto d'amore verso qualcuno a cui vuoi dimostrare affetto. Perciò il *sexting* può essere di due tipi: le immagini a sfondo sessuale rubate a un soggetto che non vuole essere fotografato e quelle in cui è il soggetto stesso a fotografarsi o a farsi fotografare in pose bollenti.

Perché i giovani lo fanno

Chi si immortala o si fa immortalare spontaneamente può farlo per i motivi più disparati: attirare l'attenzione, mettersi in mostra, manifestare interesse per qualcuno o dimostrare di essere impegnato in una relazione. Leggendo qua e là articoli sul fenomeno, mi sono reso conto che per alcuni tuoi coetanei è diventato addirittura un'abitudine, una specie di preliminare o una consuetudine per dimostrare interesse verso una persona del proprio ambito sociale. Talvolta è parte, o è sostitutivo, di un'attività sessuale, o un modo per iniziare o mantenere una relazione. Le immagini vengono anche scambiate tra amici come intrattenimento, per scherzo o per svago.

Perché è meglio non farlo mai

Come genitore, sono preoccupato che tu possa fare *sexting*. Non lo dico tanto per farti una predica, ma perché mi sono documentato e ho scoperto che secondo le ricerche è un comportamento molto diffuso tra i ragazzi della tua età. E sui giornali compaiono spesso fatti di cronaca, anche nera, collegati a questa pratica. Ci sono stati tuoi coetanei che hanno scoperto che le loro foto intime circolavano a scuola e in città, e hanno cominciato a soffrire, a manifestare il proprio disagio anche in forme drammatiche, facendosi del male, oppure aggredendo altri (con lesioni accertate a livello clinico). Io non ho molti consigli da darti in proposito, perché quando avevo la tua età non esisteva tutta la tecnologia che oggi avete a disposizione voi nativi digitali per esplorare la sessualità. Tuttavia, ci sono alcuni consigli che potrebbero esserti molto utili.

Tieni presente che...

Se mai dovessi trovarti coinvolto nel *sexting* o conoscessi persone che lo sono, vorrei che ricordassi alcuni punti.

1. Le foto che oggi possono sembrarti divertenti oppure goliardiche anche solo tra una settimana potrebbero assumere tutt'altro significato sia per chi le ha scattate, sia per chi è stato ritratto. Ora, per esempio, alla tua ragazza (o a te, se state parlando a una ragazza) può sembrare eccitante e divertente inviarti (inviare) uno scatto a seno nudo via WhatsApp, ma cosa succederebbe se qualcuno a cui è (sei) antipatica la intercettasse e la mandasse ad altre persone? Qualcosa di molto intimo improvvisamente diventerebbe di dominio pubblico. E le cose potrebbero cambiare ancora di più tra cinque o

dieci anni, quando tu e le persone che adesso sono tue amiche sarete in una fase diversa della vita. Ciò che oggi avete fatto per gioco domani potrebbe risultare fastidioso o doloroso, se qualcuno lo vedesse. Vale la stessa regola che abbiamo già fissato per i piercing e i tatuaggi: fino alla maggiore età non ti autorizzo a farli, perché l'immagine o il nome che vorresti tatuarti ora fra tre anni potrebbe non significare più nulla per te.

2. Su internet nulla si cancella. Ogni foto, ogni frase, ogni scritta rappresentano un'impronta digitale che resta sul tuo *curriculum vitae* on-line.
3. Avere sul cellulare oppure sul computer immagini di minorenni in situazioni o pose a sfondo sessuale può essere un reato che espone a conseguenze legali e penali. Un semplice gioco, allora, può trasformarsi in ben altro. La stessa cosa succede, per esempio, agli adolescenti che spacciano piccole dosi di marijuana tra gli amici. Molti lo fanno per gioco o per abitudine, senza considerare i risvolti legali. Non dimenticare mai che la legge giudica le immagini sessuali di minorenni allo stesso modo della droga e punisce chi le produce, chi le detiene e chi le diffonde.

Che cosa fare se capita a te o a un tuo amico

Anche se può sembrarti un tradimento, se tu o un tuo amico siete coinvolti in una pratica di *sexting* la soluzione migliore è parlare con un adulto, qualcuno di cui ti fidi, che possa intervenire e aiutare la persona in pericolo. Non ti sgriderà, bensì si attiverà per proteggere e mettere al sicuro chi, magari inconsapevolmente, rischia di trasformare un divertimento o un semplice scherzo in un comportamento autolesivo.

PARLIAMONE CON UN FILM

Exposed

PukkaFilms, video, 10,34', UK, 2011[2]

Exposed è un video prodotto da Mtv in una campagna di prevenzione contro la facilità con cui sempre più ragazze adolescenti postano autoscatti in atteggiamenti erotici, soprattutto per il proprio ragazzo. La protagonista di questo corto è una studentessa di scuola superiore

---

[2] Disponibile su Youtube nella versione inglese sottotitolata in italiano, all'indirizzo *https://www.youtube.com/watch?v=5Unod-95NUSk.*

che da qualche giorno sta con un ragazzo più grande di lei, un atleta che gioca nella squadra della scuola. Insieme stanno bene: si scrivono, si vedono, si baciano, si scambiano messaggi in continuazione. Hanno voglia di stare vicini anche quando sono lontani e per questo, una sera in cui non possono vedersi di persona, la ragazza si scatta qualche foto sexy per lui, nuda dopo la doccia. Il fidanzato, però, invia le immagini al suo migliore amico, orgoglioso della bellezza della sua fiamma. E la situazione precipita. L'amico carica gli scatti proibiti su un server accessibile a chiunque, scatenando una diffusione virale. Quando la protagonista torna a scuola il lunedì mattina, ignara di tutto, si trova al centro degli scherzi e degli sguardi di tutti gli studenti, e la assale un senso di profonda vergogna e vulnerabilità. Prima si arrabbia con il ragazzo e lo lascia, poi si rifugia in un caffè, dove rimane tutta la notte, incapace sia di tornare a casa, sia di andare in qualunque altro posto, per paura delle conseguenze. Qui ha un'accorata (e accurata) conversazione con la parte più nascosta di sé. Lo sdoppiamento di personalità le permette di confrontare la se stessa che ha agito per divertimento, facendo una cosa stupida, con la se stessa più razionale e consapevole, che la aiuta a riprendere in mano la situazione, a capire come andare avanti e soprattutto a imparare dall'esperienza negativa e a stabilire regole perché non si ripeta mai più. Nella quotidianità dei nostri figli si verificano spesso situazioni simili.

Ecco qualche domanda per avviare la riflessione.

- Perché la ragazza decide di inviare scatti sexy al fidanzato? Secondo te, è sempre sbagliato fare una mossa del genere o ci sono eccezioni?
- Perché il ragazzo condivide le immagini con un amico? E perché quest'ultimo le pubblica?
- Se tu fossi la migliore amica della protagonista, una volta che le foto sono stare rese pubbliche a sua insaputa, che cosa faresti per aiutarla?
- Secondo te, come reagiranno i genitori della ragazza quando lo sapranno? Come reagirebbero i tuoi? E come la mamma e il papà dovrebbero aiutare una ragazza che si trova in una situazione simile?
- Se dovessi scrivere due regole di prevenzione, una per le ragazze e una per i ragazzi, alla luce di questo video, quali sceglieresti?

Megan's Story

ThinkUKnow Australia, 1,53', Australia, 2010?[3]

Il video racconta la vicenda di Megan, che una mattina a scuola decide di inviare un suo autoscatto

---

[3] Disponibile su Youtube nella versione inglese, all'indirizzo *https://www.youtube.com/watch?v=ffnQnqC2QKU.*

in reggiseno a un compagno di classe che le piace molto. Anche in questo caso, un gesto che dovrebbe rimanere intimo e privato inizia subito a rimbalzare tra i cellulari dei compagni, fino ad arrivare sullo smartphone di un insegnante. Il corto si presta in modo particolare alla discussione perché ogni passaggio critico viene "congelato" in un fermo immagine, su cui compaiono in sovrimpressione alcune domande utili ad alimentare un confronto. La conversazione così stimolata permette non solo di fornire messaggi di prevenzione rispetto al *sexting*, ma anche di condividere una strategia di protezione dei minori coinvolti. È evidente, infatti, che tutti hanno una parte di responsabilità, non solo chi posta la propria foto e chi la diffonde per primo. E la corresponsabilità vale anche in senso positivo, per bloccare la catena e favorire l'intervento degli adulti.

4

NON CHATTARE CON GLI SCONOSCIUTI

—

Quando il bisogno di intimità e la diseducazione sessuale diventano una trappola per l'adescamento on-line

GIOVANNA: ADESCATA CON UNA FOTO DI JUSTIN BIEBER

Giovanna ha dodici anni, frequenta la seconda media e, almeno all'apparenza, non ha problemi. A scuola va molto bene, ha un'intelligenza vivace, pratica tanto sport e mamma e papà sono sempre disponibili a ogni sua richiesta. Coccolata e un po' viziata, come succede spesso alle figlie uniche, ottiene sempre senza sforzo quello che desidera. In quarta elementare aveva già in mano un telefono cellulare, la prima della classe, in quinta un computer e in prima media un tablet. In effetti, l'intera famiglia è molto *smart* con le nuove tecnologie. I genitori gestiscono un'attività in proprio e buona parte degli affari passa attraverso lo schermo di un PC, quindi per loro è quasi naturale pensare che anche la figlia abbia il diritto/dovere di familiarizzare in fretta con il digitale.

I progressi di Giovanna nel mondo tecnologico sembrano rapidi e indolori. La ragazza sa gestire in autonomia tutti gli strumenti che possiede, ma continua a studiare e non se ne fa distrarre troppo. Insomma, per i genitori non c'è alcun motivo di preoccupazione.

Perciò, quando la figlia, dopo il primo quadrimestre della prima media, li informa che intende aprirsi un profilo Facebook, non si oppongono alla decisione, anche perché, apprendono dalla ragazza, la gran parte delle compagne di classe lo ha già fatto, e lei non vuole essere da meno.

Giovanna si crea un bel profilo. Sceglie una foto in cui dimostra almeno tre anni in più, scattata al matrimonio della zia, dove indossava un vestitino sopra al ginocchio, le sue prime scarpe con il tacco e la mamma le aveva permesso di truccarsi. A vederla così, con il volto coperto di fondotinta e le labbra disegnate dal rossetto, sembra una ragazza delle superiori. Naturalmente, deve mentire anche sulla vera età al momento dell'iscrizione, perché Facebook non permette l'accesso ai minori di tredici anni. Ma dichiarare il falso non è un problema, e in un attimo Giovanna diventa "*social*". Comincia così una vita parallela, una *second life* in cui brucia molto in fretta le tappe della popolarità. Il profilo riceve in poco tempo decine di richieste di nuovi contatti. In parte, si tratta di compagni e amici che frequentano la sua scuola; in altri casi, sono sconosciuti che condividono con la ragazza una passione: la musica di Justin Bieber.

Il giovane cantante canadese è da mesi al primo posto delle preferenze di Giovanna e di folle di preadolescenti in tutto il mondo, perciò, cliccando "Mi piace" sul suo profilo e su alcuni post che lo riguardano, la ragazza stringe una rete di amicizie virtuali con un gran numero di fan. Ed entra in contatto con un misterioso Beautiful Prince. Pensa che dietro lo pseudonimo si celi una persona comune, ma non è così, perché una volta accettato come amico Beautiful Prince interagisce con lei sempre più spesso sul profilo, fino ad arrivare alle chiacchierate da soli in chat.

Beautiful Prince dichiara subito che si chiama Paolo e ha trent'anni, ma aggiunge una serie di particolari che catalizzano l'attenzione di Giovanna: lavora nel mondo della musica, ha molte conoscenze nell'ambiente delle case discografiche ed è amico delle persone che seguono Justin Bieber durante i suoi viaggi in Italia. La ragazza è galvanizzata da queste rivelazioni. Paolo dà l'idea di essere uno in gamba, che conosce tutti quelli giusti. Comincia a chattare con regolarità con il nuovo amico, che ha sempre un sacco di notizie originali e curiose, uniche e affascinanti. Ne parla anche con le due migliori amiche, che hanno accettato a loro volta l'amicizia di Beautiful Prince, ma non sono state contattate. A Giovanna fa piacere, e chiede a Paolo perché, fra tutti i suoi collegamenti virtuali, abbia scelto proprio lei.

«Perché dal primo momento che ti ho vista in fotografia ho sentito che tu sei una persona speciale, di quelle che si incontrano raramente, e non potevo perderti» è la risposta di lui. Con questa dichiarazione, l'uomo fa breccia nel cuore della ragazza, che da quel momento lo elegge a suo confidente, amico di penna, consolatore, guida, nonostante abbia quasi tre volte la sua età e non sappia nulla di lui.

Con Paolo, Giovanna parla di tutto. Parla, perché dopo alcune settimane di chat su Facebook, lui le fa una richiesta: «Potremmo incontrarci su Skype, per vederci e sentirci ancora più vicini?».

Giovanna si vergogna di confessare che non sa che

cosa sia Skype, ma viene anticipata dalla gentilezza e prontezza di spirito dell'interlocutore: «Se non sai usarlo, ti aiuto io. È facile e non costa nulla».

La ragazza crea un proprio account e in tempo reale fa la prima videochiamata con Paolo. È agitata mentre aspetta che lui risponda. "Che faccia avrà?" pensa. "Sarà simpatico oppure no? Avrà la barba, i baffi? E gli occhi saranno verdi o azzurri?". All'improvviso, dall'altra parte compare il volto di un uomo del quale non riuscirebbe a definire esattamente l'età: trenta, quarant'anni? Difficile da stabilire: di sicuro è più giovane di suo padre. Indossa una felpa di Abercrombie e sorride. I denti sono bianchissimi. "Non è niente male" si dice Giovanna.

Le videochiamate proseguono regolarmente anche i giorni seguenti, sempre all'insaputa dei genitori. In realtà, Paolo ha fatto molta attenzione sulla questione: ha indagato a poco a poco, si è fatto raccontare di loro dalla ragazza e ha capito che sono persone tranquille, che si fidano molto della figlia, tanto da non interferire con le sue attività on-line. Si è anche raccomandato di non parlare troppo della loro amicizia con altri: «Non c'è niente di male a essere amici, Giovanna, ma se lo dici alle tue amiche diventeranno gelose e magari cominceranno a tempestarmi di richieste per parlare con me. Ma io ho scelto te».

A queste parole, la ragazza si sente la prescelta, colei che ha un "qualcosa in più" che la rende speciale. Si considera anche una privilegiata, perché Paolo le racconta molti segreti del mondo della musica: sa tutto degli One Direction, oltre che di Justin Bieber, ha visto Violetta più di una volta quando è venuta in Italia e va a tutte le feste di quelli che contano.

Un giorno, l'uomo si presenta davanti alla webcam con in mano un cartoncino bianco. «Indovina che cosa tengo tra le mani?». Poi gira il cartoncino e compare qualcosa che a Giovanna fa strabuzzare gli occhi e battere il cuore: è una foto di Justin Bieber in costume da bagno. «È un'esclusiva, può averla soltanto chi lo conosce bene. Ma se vuoi posso inviarla al tuo indirizzo internet e domani sarai la più invidiata tra tutte le tue amiche» le spiega.

Giovanna non se lo fa ripetere due volte: «Mandamela subito, ti prego».

Paolo sorride e poi dice: «Io do una cosa a te e tu dai una cosa a me».

«Cosa vuoi? Sono pronta a darti qualsiasi cosa per quella chicca».

«Voglio una tua foto in costume da bagno. Così siamo pari».

Per la prima volta, Giovanna sente la pancia contrarsi. Non le era mai successo prima. Deve ammettere che la richiesta l'ha spiazzata un po'. Lui, però, notando il momentaneo imbarazzo, la incoraggia: «Ma dài, cosa vuoi che sia? Una foto in costume… chissà quante ne hai. E poi, anche sul tuo profilo ce ne sono parecchie, che hai postato durante le vacanze al mare».

In effetti, aveva pubblicato alcuni scatti della vacanza al villaggio in Sardegna l'estate prima. "Certo che Paolo mi conosce proprio bene" pensa tra sé e sé. "Del resto, ha ragione: che cosa sarà mai una foto in costume da bagno?".

Risponde a Paolo di attendere, cerca nell'armadio il due pezzi che indossava in spiaggia l'estate precedente e corre in bagno a cambiarsi. «Ecco, adesso puoi fotografarmi,» dice «ma poi mi mandi un'e-mail con la foto di Justin. Non farmi più aspettare, perché mi sembra di impazzire».

Paolo, però, obietta: «Patti chiari, amicizia lunga. Justin indossa solo gli slip. Tu, invece, indossi un due pezzi. Non è giusto. La tua foto deve essere l'equivalente di quella che ti mando io».

«Sì, ma lui è un maschio!» replica Giovanna.

«E che differenza fa? Maschi e femmine oggi sono alla pari. Tutte le ragazze, quando sono in spiaggia, si mettono in topless. Non sarai una di quelle santarelline che devono sempre avere i seni coperti? A Justin non piaceresti».

Questa risposta la spiazza. Lei non è una santarellina, e davanti a Justin si toglierebbe tutto, ma il problema è diverso: perché dovrebbe farsi fotografare a seno nudo da Paolo? Non ha mai fatto una cosa del genere con nessun altro e per nessun altro. Anzi, a dirla tutta, nessuno prima di oggi le ha mai fatto una richiesta simile. E che cosa direbbe la mamma se scoprisse cosa sta succedendo in quella stanza?

«No, Paolo, stavolta non posso accettare. Voglio la foto di Justin e tu al massimo mi puoi fotografare con il due pezzi».

«Ok, vuol dire che questa immagine la proporrò a un'altra. Tu non sei pronta per una cosa da grandi. Hai proprio ragione, ti ho chiesto troppo».

«Ma io la tua foto la voglio!».

«Be', allora fatti vedere in topless e Justin in versione marina sarà tuo per sempre».

Giovanna avverte di nuovo una sensazione strana al

centro della pancia, la stessa di qualche minuto prima, ma più forte. Poi si dice: "In fin dei conti, dov'è il problema? Lui è là e io sono qua. Non può succedermi nulla". E accetta: «Ok, una foto, ma una soltanto. E fai in fretta».

Si toglie il reggiseno del bikini, Paolo scatta e da quel momento la vita della ragazza non è più la stessa.

Quella sera Giovanna trova nella posta elettronica l'immagine di Justin Bieber, ma la mattina successiva, quando la mostra alle sue migliori amiche, Camilla la prende da parte e le chiede: «Perché mi sono ritrovata nella mail una tua foto a seno nudo?».

Le manca il fiato e tutto il mondo intorno a lei comincia a girare. «Chi te l'ha mandata?».

«Un mittente sconosciuto, ma eri tu, non c'è dubbio. E avevi il costume dell'estate scorsa in Sardegna. Sembrava che ti fossi scattata da sola una foto in camera tua, perché ho riconosciuto il poster di Justin sopra il letto».

Per tutta mattina Giovanna non pensa ad altro. Ha il terrore che i suoi possano scoprire tutto. Non vede l'ora di contattare Paolo su Skype per chiedergli spiegazioni. La campanella della fine delle lezioni per lei è una liberazione. Saluta tutti e corre a casa. Mangia in fretta e la mamma le chiede il motivo di tanta agitazione.

«Niente mamma, ti stai sbagliando. Sono come al solito» risponde.

Poi sale in camera sua, chiude la porta e si collega. Ma quello che trova dall'altra parte non è più lo sguardo tenero e divertito di sempre. Ora Paolo ha un'espressione seria e molto determinata: «Giovanna, ho mandato io la tua foto a Camilla. Da oggi in poi, se non farai quello che ti dico di fare davanti alla videocamera, la invierò a molte altre persone della tua scuola. Ma tu sarai brava e obbediente con me, farai tutto quello che ti chiedo e questo rimarrà il nostro piccolo segreto».

Questa volta la ragazza sente un vulcano accendersi al centro della pancia. Capisce di essere in trappola, e soprattutto si sente in colpa perché sa di essersela costruita con le proprie mani.

Nei giorni seguenti, la vicenda si fa sempre più pericolosa. Giovanna deve piazzarsi davanti alla webcam e obbedire a Paolo, che la riprende mentre le ordina di compiere atti sessuali da sola. Camilla, però, continua a chiederle spiegazioni sulla strana mail che ha ricevuto e alla fine la ragazza, spaventata e molto stressata, le racconta tutto, facendole giurare di non dirlo a nessuno per paura delle conseguenze. L'amica prova a convincerla a parlare con i genitori, perché quello che le sta capitando è troppo grave, ma lei la implora di tacere.

La sera stessa, Camilla rivela tutto alla mamma e le mostra l'e-mail. La madre le spiega che bisogna informare subito i genitori di Giovanna, perché probabilmente si è messa in un grosso pasticcio, di cui forse non è nemmeno consapevole. Camilla è spaventata, ha paura di tradire il patto di fiducia, ma poi si convince che sia la cosa giusta. Del resto, Giovanna negli ultimi giorni non è più la stessa: pallida, triste, spaventata. È chiaro che si trova in una situazione più grande di lei e che ha bisogno di aiuto.

Quando la madre di Giovanna riceve la telefonata, ascolta con attenzione. Poi, chiede di poter andare a casa di Camilla per vedere la fotografia incriminata. E di fronte all'immagine della figlia a seno nudo si preoccupa e si sente impotente, oltre che una pessima madre. Rientrata, parla con il marito e insieme affrontano Giovanna: le dicono quello che hanno scoperto e vogliono sapere ogni dettaglio della storia.

La mattina seguente, con il computer portatile della ragazza, i genitori si presentano agli uffici della polizia locale, che li manda alla polizia postale.

Giovanna viene interrogata, il suo PC messo sotto sequestro. Si scopre che Paolo è un pedofilo che produce materiale pedopornografico, adescando preadolescenti on-line sempre con la stessa tecnica: i primi contatti avvengono tramite Facebook, condividendo informazioni e segreti su un personaggio pubblico amato dalla giovane vittima; poi si passa su Skype e infine arriva lo scatto proibito, usato come arma di ricatto per ottenere e registrare performance sessuali davanti alla webcam.

La polizia postale, anche grazie alla denuncia dei genitori di Giovanna, si mette sulle tracce di Paolo. Almeno altre dieci preadolescenti sono cadute nella stessa trappola.

La ragazza, intanto, inizia un percorso con un terapeuta per rivedere tutto quello che le è capitato e per riflettere insieme sui segnali di pericolo che ha preferito ignorare.

La mamma, di professione psicopedagogista, interrogata dal terapeuta circa l'educazione sessuale impartita alla figlia, ammette: «Non avevo ancora fatto nulla, perché Giovanna non ha avuto il primo ciclo mestruale. Mi sembrava troppo piccola per intraprendere con lei un percorso sull'argomento, e lei non mi ha mai chiesto nulla».

IL TERRORE DI OGNI GENITORE

Tra tutti i temi affrontati in questo volume, l'adescamento on-line è forse quello più temuto dai genitori, perché ci si sente vittime impotenti in balia di una figura esterna che irrompe in casa attraverso internet, se i figli non sono capaci di porsi alcune regole per proteggersi.

Adescare un adolescente attraverso i social network è relativamente facile. Si entra in contatto tramite il profilo Facebook o una chat e poi si approfondisce la relazione virtuale condividendo temi sempre più intimi e personali.

L'adescamento per antonomasia, che tutti ci siamo sentiti raccontare da bambini, è quello di Cappuccetto Rosso, perfetta metafora di come soggetti malintenzionati possano approfittarsi di minori inesperti, circuendoli con imbrogli e false promesse, per poi ridurli a vittime impotenti. Ma oggi le cose sono molto diverse: non ci sono lupi, né boschi, né mamme che salutano sulla porta di casa il figlio quando esce. Sul web tutto inizia tra le pareti domestiche e il contatto tra preda e carnefice nella maggior parte dei casi si confonde tra gli infiniti collegamenti virtuali con sconosciuti che i ragazzi intrattengono quotidianamente. L'adescatore, come succede tra Giovanna e Paolo, non ha più le sembianze del lupo cattivo che minaccia, spaventa e si nasconde in un bosco virtuale composto di comunità e relazioni fittizie. Non ha la faccia dell'orco o del criminale, ma quasi sempre si presenta come una persona molto abile nello stringere e mantenere rapporti con il minore.

Numerose ricerche rivelano che la verità sui predatori on-line è ben differente da come la immaginiamo noi adulti. Non si tratta di mostri che fanno cose terribili e minacciano in ogni modo le povere vittime, troppe volte dipinte come bambini indifesi caduti nella rete del cattivo che approfitta della loro innocenza e ingenuità. In realtà, quasi sempre tra le due parti si crea una relazione via via sempre più profonda, basata su seduzione e intimità, senza alcuna traccia apparente di coazione e violenza.

La maggior parte delle volte i protagonisti sono maggiorenni che usano internet per incontrare e sedurre minorenni, con l'obiettivo di coinvolgerli in attività sessuali. I mezzi di contatto sono e-mail, messaggi sui social network, chat-room, che permettono conversazioni a due in un'atmosfera di intimità e riservatezza. La vittima in genere è consapevole di avere a che fare con un adulto. Dalla ricerca più approfondita esistente sul tema emerge che solo il 5% degli adescatori finge di essere un minore. E anche le sue intenzioni sessuali sono quasi sempre dichiarate. Nei casi di incontro di persona tra i due soggetti coinvolti, inoltre, l'adolescente avrebbe ben chiaro che sta uscendo da casa per avere un contatto sessuale concreto. Molti ragazzi, poi, si dichiarano innamorati del partner adulto incontrato on-line, tanto che tre su quattro (73%) agiscono d'impulso, ma tendono a ripetere l'esperienza. L'adescatore, dal canto suo, è bravo a mantenere legata a sé la vittima, facendole promesse d'amore e seducendola con messaggi romantici e doni, anche se il suo interesse primario è il sesso.[1]

IDENTIKIT DELLA VITTIMA PERFETTA

Quasi tutte le vittime hanno fra i tredici e i diciassette anni, ma sono i tredicenni e quattordicenni i più a rischio. Infatti, secondo le statistiche ufficiali, da soli rappresentano quasi la metà dei minori adescati.

In parte il problema è l'immaturità cognitivo-emotiva

---

[1] Janis Wolak et al., *On-Line "Predators" and Their Victims: Myths, Realities, and Implications for Prevention and Treatment*, in «The American Psychologist», vol. 63, n. 2 (2008), pp. 111-28.

dei giovani, che però hanno anche una certa abilità nel gestire attività on-line di ogni tipo, tanto che, se interrogati in proposito, affermano di essere ben informati sulla complessità di utilizzo di internet e di sapere come fare a non mettersi nei guai. È come se gran parte degli adolescenti fosse consapevole del rischio, ma al tempo stesso fosse certa che possa capitare soltanto agli altri, un po' come chi afferma: «Io non mi faccio condizionare dalla pubblicità», ma poi è smentito dall'abbigliamento che indossa o dal carrello della spesa, stracolmo di marche che investono cifre consistenti in marketing e attività promozionali.

Inoltre, internet offre la possibilità di soddisfare la curiosità verso il sesso tipica dell'età attraverso relazioni virtuali interessanti e stimolanti, senza le complicazioni e i rischi della vita reale. Insomma, molti cercano i rapporti on-line perché li ritengono più protetti e meno pericolosi. Per sua stessa natura, il contatto in rete è eccitante (ma non obbliga ad atti concreti con l'interlocutore, se si è protetti da uno schermo), può diventare facilmente romantico (perché non ha bisogno delle prove e dell'impegno necessari in una coppia reale), è apparentemente controllabile e si può bloccare quando diventa sgradito (l'adescato pensa che basti un click per tirarsi indietro, senza rendersi conto che dall'altra parte c'è una persona molto esperta delle dinamiche adolescenziali). Come dimostra la storia di Giovanna, per un po' l'adolescente ha la percezione di "giocare alla pari" e di comunicare con un interlocutore dal quale crede di sapersi difendere. Ma poi, un passo falso lo mette nella posizione della totale vulnerabilità e lo consegna nelle mani dell'aguzzino, che lo ricatta.

Le ricerche disponibili a oggi sono chiare e univoche su un aspetto: gli adescamenti avvengono quasi sempre in situazioni in cui il minore si sente isolato o poco controllato dalla famiglia e ha la percezione di poter godere di un livello di privacy e segretezza che non dovrebbe avere alla sua età. Queste condizioni lo portano spesso a intrecciare on-line relazioni intime in tempi brevi, a mettere in gioco aspetti di sé che normalmente tiene nascosti e a lasciarsi coinvolgere in esperienze troppo forti rispetto a quelle sperimentate faccia a faccia fino a quel momento. Ancora non possiede la maturità di giudizio, il pensiero critico e l'autoregolazione emotiva necessari per stringere un rapporto sano, di cui faccia parte anche il sesso. Il rischio maggiore nel coinvolgimento on-line con un adulto sconosciuto è l'immaturità del minore, la mancanza di esperienza e l'impulsività con cui spesso risponde alle pulsioni che sperimenta e che non sa bene come gestire.

Tutti questi aspetti sono facilmente rintracciabili in un articolo di cronaca che riporto qui sotto. È stato tolto ogni riferimento alle persone coinvolte e al luogo dei fatti, mentre la descrizione degli eventi è rimasta inalterata.

S'incontrano su Facebook, dove la distanza tra la fan di tredici anni e il [...] trentatreenne, molto famoso tra i giovanissimi che lo conoscono in TV e rete [...], si riduce in poche settimane fino ad annullarsi.

Lei chiede l'amicizia sul social network, lui l'accetta, poi iniziano dialoghi sempre più fitti in chat. L'attore riesce a carpire la fiducia della ragazzina fino a plagiarla, a uscirci insieme e avere un rapporto sessuale.

Per questo, ieri all'alba, la squadra mobile [...] [lo] arresta per violenza sessuale [...].

La studentessa trascorre con [X] la notte tra il 6 e il 7 aprile, pochi giorni prima di compiere quattordici anni. È [X] a suggerire alla ragazza di inventarsi una festa da un'amica per poter stare con lui. Proprio quella notte i due hanno il rapporto sessuale. Poi nei giorni successivi la ragazzina fa insospettire la madre perché chiede il permesso per un'altra festa e un'altra notte lontano da casa.

La donna però vede la figlia salire su un'auto guidata da un adulto, subito la chiama sul cellulare e la obbliga a tornare indietro. «È il fratello della mia amica» risponde la tredicenne. Pochi giorni dopo, anche a seguito di una visita ginecologica, la donna decide di sporgere querela, senza avvisare la bambina. Da quel momento gli investigatori intercettano ore di conversazioni e recuperano conversazioni in chat con i due che commentano la notte insieme. «L' attenzione della madre è stata fondamentale per capire cosa stava succedendo. Grazie alla denuncia abbiamo potuto raccogliere i dialoghi su Facebook, sempre più espliciti».

La ragazza appare invaghita, si crede innamorata. [X] la convince a mantenere il loro segreto. «Se t'interrogano – la supplica – devi raccontare agli sbirri di aver sempre detto di avere diciotto anni». Sono questi gli elementi che provano che [X] è sempre stato consapevole dell'età della sua vittima. Nel provvedimento del gip, [X] appare come una «personalità immatura», «non in grado di comprendere il disvalore» della propria condotta, «in preda a irrefrenabili impulsi sessuali nei confronti di persone molto giovani e perciò sicuramente indifese, quasi bambine».

La tredicenne in nessun momento attacca l'uomo. Nega con la madre, lo difende con gli investigatori della quarta sezione della mobile, specializzata in reati sessuali e minori. Gli stessi che arrestano l'uomo nel suo appartamento, dove si è consumata la violenza.[2]

I comportamenti a rischio

Internet è per natura un ambiente dinamico, ad alto tasso di interattività ed espressività, e i giovanissimi lo amano per questo, perché soddisfa due bisogni di crescita: stabilire relazioni ed esprimersi. Pochi ragazzi hanno ricevuto una buona educazione sessuale, quindi raramente prendono on-line le stesse precauzioni che adottano nella vita reale. Le ricerche dimostrano che chi è stato coinvolto in progetti di prevenzione degli adescamenti mostra una certa attenzione a non fornire dati sensibili a sconosciuti, evitando di rendersi riconoscibile e contattabile da individui che non conosce.

La maggioranza dei minori, invece, manca di simili accortezze. Mai coinvolti in attività di educazione ses-

---

[2] Sandro De Riccardis, *Seduce una tredicenne e finisce a San Vittore*, in «Repubblica.it Milano», 22 maggio 2009.

suale, mai informati sulla prevenzione, i giovanissimi spesso non mettono in atto alcuna misura autoprotettiva semplicemente perché la ignorano, oppure non la considerano parte del proprio codice di navigazione in rete e di utilizzo dei social network. Molti di loro, anzi, usano il web proprio per esplorare siti in cui ottenere nozioni sul sesso, trovare e scaricare materiale pornografico, interagire con altri intrattenendo conversazioni esplicite e mostrando una notevole disinibizione. Inutile dire che sono proprio questi soggetti a ricevere i messaggi più spinti, e a essere adescati, a volte per incontri reali. I minori, dunque, possono ritrovarsi vittime su due livelli:

1. il più frequente si esaurisce in attività esclusivamente virtuali, senza alcun contatto reale tra i soggetti coinvolti, e può portare a conversazioni esplicite, fotografie, riprese video attraverso la webcam;
2. il meno frequente parte dai contatti on-line e arriva all'incontro faccia a faccia tra il minore e l'adulto, spesso con il progetto condiviso di avere rapporti sessuali.

Tra i molestatori on-line, si distingue un piccolo sottogruppo pronto a fare il passo successivo, ovvero l'incontro di persona con la vittima. Di solito, l'adescatore virtuale seduce il minore con uno stile di comunicazione che genera fiducia e confidenza: gradualmente, introduce il tema della sessualità e crea una progressiva intimità, fino a proporre un appuntamento faccia a faccia. Questi passaggi possono essere anche accelerati dal tipo di contatto on-line usato. Per esempio, secondo una ricerca le chat-room, con il loro stile disinibito, le conversazioni molto esplicite, gli ammiccamenti e il linguaggio osceno, permettono una comunicazione più immediata e diretta e numerosi molestatori on-line vi partecipano.[3] Inoltre, tra gli adolescenti che le usano c'è una maggiore concentrazione di soggetti che hanno diversi problemi: con i genitori, di tristezza, solitudine e depressione, precedenti vittimizzazioni sessuali, e sono più propensi ad assumere comportamenti a rischio.[4] Allo stesso modo, anche i ragazzi più soli, timidi o carenti in termini di

[3] Subrahmanyam Kaveri, David Šmahel, Patricia Greenfield, *Connecting Developmental Constructions to the Internet. Identity Presentation and Sexual Exploration in On-line Teen Chat-Rooms*, in «Developmental Psychology», vol. 42, n. 3 (2006), pp. 395-406

[4] Timothy J. Beebe et al., *Heightened Vulnerability and Increased Risk-Taking Among Adolescent Chat-room Users. Results from a Statewide School Survey*, in «Journal of Adolescent Health», vol. 35, n. 2 (2004), pp.116-23.

competenze sociali potrebbero ricorrere più spesso alle chat-room, per ridurre le conseguenze della scarsa propensione a stringere relazioni nella vita reale. In questi casi, potrebbe rivelarsi faticoso trovare un modo per rifiutare sollecitazioni sessuali da parte di un adescatore e allontanarsene.

Ci sono, inoltre, alcuni comportamenti che, sommati tra loro e ripetuti, aumentano il rischio di molestie on-line:

- interagire in rete con sconosciuti;
- averli tra i contatti (su social network, nella posta elettronica, su WhatsApp);
- postare informazioni personali;
- partecipare a conversazioni virtuali in cui si parla di sesso in modo esplicito;
- cercare materiale pornografico;
- usare espressioni volgari in chat, post o messaggi.

Più frequenti sono questi comportamenti, più aumenta il rischio di adescamento o vittimizzazione.[5]

---

[5] Michele L. Ybarra et al., *Internet Prevention Messages: Are We Targeting the Right On-line Behaviors?*, in «Archives of Pediatric and Adolescent Medicine», vol. 161 (2007), pp. 138-45.

CHE COSA FARE

Alla luce di quanto scritto, l'adulto deve decidere qual è la sua posizione educativa e come può fornire ai minori le competenze necessarie a prevenire il rischio di adescamento on-line. Ecco qualche indicazione: provate a metterne in pratica il più possibile.

Per cominciare, non esiste la strategia perfetta e non c'è una bacchetta magica, ma la ricetta migliore sta scritta in tre parole: PARLARE, PARLARE, PARLARE.

Nelle conversazioni con un figlio, noi genitori (ma anche gli educatori) dobbiamo sentirci competenti e autorevoli, affidabili e responsabili, e proprio in virtù di tutte queste caratteristiche ciò che diciamo e facciamo deve influenzare il modo in cui il minore utilizza la rete e, soprattutto, interagisce con le altre persone collegate. Troppe volte tendiamo a insegnare questo limite come una regola alla quale i ragazzi si devono attenere, come se la prevenzione spettasse innanzitutto a loro. Il primo punto da tenere in considerazione, allora, è che, come dimostrano le ricerche, i primi a doversi fare carico di questo aspetto siamo noi adulti, che dobbiamo imparare a dare l'esempio attraverso il nostro comportamento on-line. I ragazzi spesso rimangono sconcertati quando entrano nei profili Facebook dei genitori e leggono le conversazioni o vedono le foto. Più volte mi è capitato di sentire giovanissimi imbarazzati per questo. Il dato emerge anche da una ricerca condotta da Ipsos per Save The Children[6], che ha coinvolto 1001 adulti tra i venticinque e i sessantacinque anni: ne è emerso che «il 37% degli over quarantacinque usa i social network per colmare un vuoto relazionale e affettivo e che il 28% di questi ha tra i propri contatti adolescenti che non conosce personalmente». Non solo: per l'81% degli italiani le interazioni sessuali tra adulti e ragazzi sono diffuse e si innescano e sviluppano soprattutto tramite internet. E il 38% le trova sempre accettabili (per un italiano su 100 sono persino una fonte di apprendimento per le nuove generazioni). Ciononostante, gli adulti coinvolti sono considerati irresponsabili dal 51% degli intervistati o emotivamente immaturi (34%).

Gli adulti in questa ricerca affermano anche che a spingere un maggiorenne a intrecciare una relazione con un adolescente potrebbero essere pulsioni come

---

[6] Indagine Ipsos per Save the Children commissionata in occasione del Safer Internet Day 2014, disponibile sul sito *www.savethechildren.it.*

ricerca della giovinezza (11%), novità dell'esperienza (8%), puro piacere di stare con una persona giovane e piena di vita (5%), o anche innamoramento (4%), ma non certo un progetto educativo. Valerio Neri, direttore di Save the Children, ha commentato così questi dati: «Non ci aspettavamo un grado di tolleranza tanto alto dei rapporti da parte dell'opinione pubblica, che, a nostro avviso, prelude a un'accettazione di una deresponsabilizzazione e di un disimpegno degli adulti rispetto al loro ruolo nei confronti degli adolescenti. Ci troviamo davanti a una relazione sbilanciata tra mancanza totale o carenza di senso di responsabilità di un certo tipo di adulti di oggi e l'atteggiamento degli adolescenti, più precoci e sicuri di sé nel modo di proporsi, ma fondamentalmente ancora sprovvisti di un'impalcatura emotiva e relazionale solida. [...] un adolescente, per quanto disinvolto nell'utilizzo della tecnologia, nell'esperienza di relazione parte svantaggiato, e più facilmente può cadere in relazioni pericolose».

È fondamentale, allora, che tutti gli adulti rivestano un ruolo di responsabilità nell'accompagnamento, protezione, supervisione ed educazione, senza mettersi quasi mai al livello dell'adolescente. Molti docenti di scuola superiore, attraverso il proprio profilo Facebook, entrano in contatto con gli allievi, ma è cruciale che mantengano un “profilo da professore” e non trasformino questa vicinanza virtuale in un’occasione che fa perdere loro l’autorevolezza del ruolo. Nel campo del divertimento, dell’intrattenimento e delle relazioni, gli adulti dovrebbero comportarsi da adulti e penetrare nel territorio dei giovanissimi esclusivamente per supervisionarli, accompagnarli ed educarli, come fanno i docenti che accompagnano una classe in gita scolastica.

Proprio perché i ragazzi sono inclini a stringere facilmente relazioni e obbediscono molto alle pulsioni emotive, apprendere dagli adulti di riferimento che nei rapporti esistono limiti, validi sia nella vita reale, sia in quella virtuale, è fondamentale.

Un minore che naviga in internet può avere le abilità tecniche per gestire la tecnologia, ma non la maturità e le competenze emotive necessarie a scegliere in piena autonomia come muoversi in rete: questo spetta a noi.

Le spie da tenere sotto controllo

Non dimenticate che il rischio è tanto maggiore se il ragazzo manifesta i seguenti comportamenti.

- Usa internet da poco e non sa bene come navigare ed

esplorare la rete. Come in tutte le situazioni, i pericoli sono direttamente proporzionali all'inesperienza. Pensate a quanta prudenza in più è necessaria a un diciottenne "fresco di patente" mentre guida. Lo stesso vale per i nuovi fruitori del web. Spesso l'entusiasmo del neofita comporta azioni spericolate, perciò per il primo anno è cruciale usare dispositivi di controllo condiviso. Può essere utile accordarvi con i figli perché vi includano tra i loro contatti nei social network, oppure potete stabilire che possono navigare solo da computer posizionati in punti della casa accessibili a tutti, almeno fino all'ingresso nella scuola superiore (ma per molti ragazzi potrebbe rivelarsi utile proseguire anche oltre). Questo, per esempio, avrebbe impedito a Giovanna di mettersi nei pasticci.

- Trascorre molte ore al giorno al computer. Questa condizione da una parte aumenta il rischio di dipendenza, dall'altra incrementa in modo esponenziale il pericolo di imbattersi in materiale pornografico o negli adescatori. Resta il fatto che un soggetto in età evolutiva deve "apprendere" le proprie competenze di vita nella dimensione reale, non in quella virtuale. La vita vera, dove ci si fanno i muscoli "emotivi", non sta in uno schermo, e tantomeno in rete.

- È particolarmente predisposto a cercare "sensazioni forti". Gli psicologi definiscono "*sensation seekers*" ("cacciatori di sensazioni") i soggetti maggiormente propensi a lasciarsi coinvolgere in situazioni in cui possono sperimentare alti livelli di eccitazione. Si tratta delle cosiddette "personalità adrenaliniche", che diventano subito famose in una comunità o una scuola per le numerose avventure incredibili (talvolta pasticci seri) di cui sono state protagoniste.
- Ha un grande bisogno di affetto e attenzione. La rete permette di costruire relazioni facilmente e in fretta, spesso con conversazioni molto profonde e intime. E preadolescenti e adolescenti ne sono particolarmente affamati, soprattutto se per motivi familiari hanno un gran bisogno di confidarsi e sentirsi amati, o se sul piano sociale si trovano isolati perché hanno pochi amici. Chi usa internet a scopi pedofili e pedopornografici lo sa molto bene e quasi sempre riesce ad accalappiare le vittime coinvolgendole in dialoghi e relazioni virtuali ad alto tasso di seduttività.
- È confuso rispetto al proprio orientamento sessuale. Questa condizione è quasi fisiologica in qualche passaggio dell'adolescenza di molti ragazzi e ragazze. Una delle sfide evolutive che ogni adolescente deve

affrontare è, infatti, l'acquisizione di un'identità di genere e la stabilizzazione dell'orientamento sessuale. Perciò, se un genitore o un insegnante si rende conto che un soggetto è particolarmente disorientato sotto questo punto di vista, è fondamentale che si mostri pienamente disponibile ad ascoltarlo e a dialogare con lui, per evitare che altri individui (spesso su internet e non sempre con le migliori intenzioni) diventino poli di riferimento e attrazione.

- Non ha mai ricevuto un'adeguata informazione sessuale da parte degli adulti di riferimento.
- Comunica poco con i genitori o si oppone loro in modo molto evidente. Una delle sfide che ogni adolescente deve vincere è sapersi separare da mamma e papà. Per molti ragazzi è un processo arduo, ma abbastanza armonico, che non implica profondi conflitti con gli adulti. Per altri, invece, è un compito impossibile, perché il bisogno di dipendenza rimane elevato. Infine, c'è un piccolo sottogruppo che decide di dichiarare guerra ai genitori per separarsene. La vita, allora, diventa per loro un "campo di battaglia" in cui ogni comportamento provocatorio ha l'obiettivo di marcare il proprio territorio, ben distinto da quello della famiglia e dai suoi valori. A volte, il campo di battaglia

è il corpo, che diventa una specie di carta geografica di tatuaggi e piercing; altre volte, è il gruppo dei pari, che, con le sue provocazioni, aggressioni o trasgressioni, diventa strumento di una difficile emancipazione. Può accadere, infine, che l'adolescente entri in territori ad altissimo rischio e li esplori per sentirsi già maturo e indipendente. Anche frequentare siti per adulti o intrattenere conversazioni erotiche via chat con persone molto più grandi può diventare una strategia. Per i comportamenti rischiosi a cui tende, questo sottogruppo necessita di un particolare accompagnamento e sostegno da parte degli adulti di riferimento e dell'eventuale supporto clinico e psicologico di specialisti.

LE CINQUE REGOLE SALVAVITA

Ecco le cinque contromisure che ogni adulto dovrebbe prendere con un adolescente per prevenire l'adescamento on-line.

1. Monitorate le attività su internet del minore per un periodo sufficientemente lungo, a partire dal momento in cui gli viene concesso di navigare da solo, gestire in autonomia il proprio profilo sui social

network e utilizzare un indirizzo di posta elettronica personale. Dovrete, perciò, stabilire con lui come e quando verificherete le sue attività in rete. Almeno per il primo anno, vi accorderete per guardare insieme il suo profilo (magari ogni due settimane), parlando delle azioni che ha compiuto, ma anche di quelle che avete riscontrato nei profili degli amici con cui è in contatto più stretto. Soprattutto con i preadolescenti è bene pretendere di avere la password o il codice di accesso al PC e al cellulare personali, e controllare di tanto in tanto come li usano.

2. Se il ragazzo presenta molti fattori di rischio tra quelli descritti al paragrafo precedente, siate molto chiari circa le vostre aspettative sui suoi contatti con sconosciuti incontrati in rete e sulle misure protettive che deve sempre rispettare.
3. Parlate a lungo dell'adescamento on-line, non per spaventare vostro figlio, ma perché ne prenda coscienza e sia consapevole del pericolo. Se conosce cos'è e com'è facile caderci, probabilmente farà molta più attenzione agli incontri virtuali. Guardate insieme il film *Trust* (vedi box a p. 165) e discutete intorno ai comportamenti degli adulti e della ragazza che l'hanno messa in pericolo, causando

grande sofferenza a tutti. Ogni volta che la televisione o i giornali riportano un fatto di cronaca relativo all'adescamento on-line di minori, parlatene e analizzate quali regole di autoprotezione sono state trascurate in quel caso specifico.

4. Offrite ai figli la certezza che sarete sempre disponibili a parlare di tutto e che, anche se saranno nel peggiore dei pasticci e avranno paura di confessarvi i propri errori, voi vi preoccuperete di loro ed eviterete di arrabbiarvi. Devono capire che è molto meglio confidarsi con voi anche quando pensano di averla combinata troppo grossa e temono che non gliela farete passare liscia. Un genitore è sempre e comunque dalla parte di un figlio e rimane il confidente migliore per i segreti più inconfessabili. Se Giovanna, la protagonista della storia all'inizio del capitolo, avesse ricevuto forte e chiara questa raccomandazione da parte della mamma e del papà, probabilmente non si sarebbe trovata in guai così grossi.
5. Di fronte a ogni dubbio, non limitatevi a sperare di esservi sbagliati e a ripetervi che probabilmente non è successo niente di grave. Approfondite sempre situazioni che non vi sembrano chiare o non vi fanno stare tranquilli. Parlatene prima di tutto

con i figli, e con i genitori dei loro amici, se credete che possano fornirvi informazioni importanti. Ma chiedete anche consigli e notizie agli insegnanti e agli altri adulti che sono a contatto con il ragazzo nel tempo libero (allenatori sportivi, educatori, sacerdote dell'oratorio, pediatra o medico di famiglia). Agite sempre insieme all'altro genitore, anche se siete separati, affinché l'adolescente percepisca che esiste una "mente comune" adulta, che persegue un progetto educativo condiviso e che si attiva all'unisono di fronte a un suo problema. Eventualmente, rivolgetevi alla sezione della polizia postale più vicina: è l'organo competente per tutti i crimini commessi attraverso le tecnologie e la rete e saprà fornirvi tutte le informazioni e il supporto tecnico di cui avete bisogno.

PARLIAMONE CON UN FILM

Trust

di David Schwimmer, drammatico, 106', Usa 2010

Trust, "Fiducia", racconta una storia di adescamento on-line in cui si trova coinvolta una quattordicenne

con una famiglia apparentemente molto accorta sul piano educativo, ma che in realtà impersona le infinite contraddizioni e ambiguità di molti genitori di oggi.
Annie, la protagonista, per il quattordicesimo compleanno riceve in dono un computer portatile con cui gestisce il suo profilo Facebook e in breve si trova a chattare con molte persone, alcune conosciute, altre ignote. Tra queste c'è Charlie, sedici anni, con cui inizia una relazione virtuale. Il ragazzo instaura con lei un legame molto forte, mostrandosi presente, seppure a distanza, in ogni passaggio problematico di Annie. Nei primi mesi di scuola superiore, infatti, la quattordicenne deve affrontare la selezione per l'ammissione alla squadra sportiva in cui desidera entrare, ma anche lo stile aggressivo e provocatorio delle compagne più popolari, molto distanti da lei, che la interrogano e mettono in dubbio che sia all'altezza del gruppo dei pari. Charlie è sempre lì, dall'altra parte dello schermo, pronto a offrirle sostegno e comprensione. E la giovane inizia a provare per lui un'attrazione e un senso di intimità crescente. Nei primi due mesi di amicizia virtuale, il legame tra i due si rafforza tanto che Charlie confessa a Annie la sua vera età: prima le dichiara di avere vent'anni, poi venticinque. In entrambe le occasioni, la ragazza, pur vivendolo come un tradimento, decide di proseguire il rapporto, fino a programmare un incontro in un centro commerciale, un fine settimana in cui i genitori accompagnano suo fratello al college. È a questo punto che Annie si ritrova

davanti un uomo di quasi quarant'anni. Inizialmente si sente presa in giro e spaesata, ma poi accetta di seguirlo in una stanza d'albergo. Qui i due hanno un rapporto sessuale, dopo il quale Charlie fa perdere le sue tracce, sia nella realtà, sia on-line. Annie si confida allora con un'amica, che ne parla con la preside e parte una segnalazione ai servizi sociali.
Nella seconda parte del film, Annie e i genitori dovranno rivedere tutto alla luce delle rispettive mancanze. Mentre la madre, assistita dagli psicologi, impara a sostenere la figlia e a confortarla, il padre non accetta che un evento simile sia potuto accadere alla sua famiglia e tenta di farsi giustizia da sé, con l'unico risultato di trasmettere alla ragazza un senso di solitudine e vulnerabilità ancora più forte. Annie, intanto, impara lentamente a elaborare. All'inizio, spende tutte le sue energie emotive nel tentativo di convincere se stessa e gli altri che Charlie è speciale e che l'ha amata davvero. Ma quando la polizia le mostra le prove che l'uomo si è comportato allo stesso modo con altre ragazzine, tutte somiglianti a lei, comprende di essere vittima di un adescatore seriale. Quando poi scopre che i compagni di scuola hanno creato un sito internet in cui la prendono in giro con insulti e fotomontaggi volgari, tenta il suicidio e viene salvata appena in tempo dai genitori. Solo a questo punto il padre torna sui suoi passi e si riavvicina alla figlia, questa volta con empatia. I due, finalmente, parlano, piangono e riallacciano una relazione che, medicata e

ricostruita dal dolore vissuto, permetterà a entrambi di ripartire con consapevolezza e fiducia rinnovate. Ma se Annie ora sa di essere al sicuro e ha compreso i suoi errori, il pericolo non è scongiurato per altre ragazze che ignorano cosa possa significare innamorarsi di uno sconosciuto on-line. In un'ultima breve sequenza, infatti, il violentatore appare nelle vesti di padre e marito esemplare, libero e pronto ad attirare nella rete una nuova vittima.

Durante la visione, provate a identificare i momenti cruciali in cui le azioni di Annie e dei genitori potevano cambiare il corso degli eventi. Per esempio quando:

- il papà entra nella stanza della figlia e le permette di continuare a navigare senza supervisione;
- Annie torna a casa sconvolta, dopo aver visto le sue coetanee a una festa assumere comportamenti sessuali promiscui, e ha bisogno di parlarne con il padre, che però sta lavorando e la lascia sola con il proprio sconcerto;
- Charlie confessa alla ragazza di avere venticinque anni, lei si sente tradita, si volta verso la porta della sua stanza e non vede nessuno. A questo punto, decide di proseguire la conversazione e di non dare troppo peso alle bugie che lui le ha raccontato;
- vedendo Charlie al centro commerciale, la protagonista si sente offesa e presa in giro. Se si fidasse delle sensazioni del momento, potrebbe evitare il seguito. Invece, non si ferma.

5

ALCUNE COSE DA INSEGNARE AI FIGLI SUL SESSO

—

Consigli pratici per genitori di nativi digitali

TUTTO IN UN CLICK

La gita di seconda media: gli alunni della II F l'hanno aspettata tanto, perché le gite che hanno fatto finora sono sempre state cose da poco. Alle elementari si saliva su un autobus e dopo un viaggio piuttosto breve, mai più di due ore, ci si infilava in un museo oppure si esplorava un parco naturale; quindi, pranzo al sacco e ancora musei e camminate in fila indiana; infine, si risaliva sull'autobus e tutti a casa. Ma quest'anno sarà tutta un'altra storia: tre giorni a Firenze, con pernottamento in un albergo a tre stelle e programma diurno e serale. E i ragazzi della II F sentono che stanno per fare un grande salto, che questo viaggio è una cosa da grandi, non la solita uscita in giornata che ti regala solo l'illusione della libertà. Per giorni non parlano d'altro. Il tema che più li appassiona è la composizione delle camere, chi dormirà con chi. Tra i maschi, tutti vogliono stare con Paolo e nessuno con Omar perché gli puzzano le ascelle. E naturalmente, Omar ci resta male, mentre Paolo gongola davanti a tanta popolarità. Le ragazze sono ancora più complicate: sono suddivise in gruppi e gruppetti e metterle d'accordo non è facile. Per questo rimangono tutti congelati quando la professoressa di italiano, che è anche la coordinatrice di classe e li accompagnerà in viaggio, annuncia che si farà a estrazione. I commenti si moltiplicano, i ragazzi si lamentano perfino con i genitori: «Non è giusto che siano sempre gli adulti a decidere cosa dobbiamo fare. E poi, se capito in camera con Omar io mi rifiuto di partire». Qualche adulto va a lamentarsi con la prof di lettere, che però spiega a tutti come la gita sia anche un'esperienza di socializzazione e integrazione tra gli studenti, ed è bene che i genitori non creino confusione, cercando di difendere i diritti indifendibili reclamati dai figli.

Il giorno dell'estrazione, il caso vuole che i bigliettini

di Omar e Paolo vengano estratti l'uno dopo l'altro. Nella loro stanza finiscono anche Antonio e Rosario. La squadra è fatta.

Alla partenza, al mattino presto, fuori dalla scuola, i genitori salutano i ragazzi, che non vedono l'ora di lasciarseli alle spalle. Si parte. Finalmente. Il viaggio è lungo, ma il tempo vola. Le tre prof sono in prima fila, mentre gli studenti hanno la tendenza naturale ad accalcarsi in fondo. L'autista li richiama più volte perché ognuno deve rimanere seduto al proprio posto per motivi di sicurezza. A metà mattina, si arriva. Il giorno vola tra visite ai musei, alle chiese e alla città, pranzo al sacco, gelato di rito nel pomeriggio, un'ora di libertà in centro a guardare negozi e comprare souvenir. Poi, tutti in albergo. Alla reception c'è grande eccitazione. Gli studenti non vedono l'ora di vedere come sarà la camera, di condividerla con i compagni. Fino a oggi, sono andati in albergo solo con mamma e papà. In mezzo a tanta confusione, il portiere registra le presenze e consegna le chiavi alla professoressa, che le distribuisce in base alla disposizione concordata. Si va nelle stanze per un po' di riposo prima di cena. Qualcuno fa la doccia ora, qualcun altro la farà dopo. I genitori, nel frattempo, chiamano per sapere se va tutto bene e se i figli si sono divertiti. Il tempo vola e arriva il momento di dormire. Almeno, così dicono gli insegnanti. Ma è chiaro che i ragazzi sono di tutt'altro avviso. È la loro prima notte fuori casa da soli. Bisogna stare svegli, provare a entrare nelle camere degli altri, insomma, c'è da "fare casino". Ed è per questo che succede il pasticcio. Intorno alle dieci di sera, Lorenzo bussa alla porta della camera di Omar e Paolo. Antonio gli apre. Lorenzo si accorge che Omar non c'è e chiede dov'è. Paolo risponde che sta facendo la doccia. Allora Lorenzo propone di fargli uno scherzo: afferra il cellulare di Paolo, apre la porta del bagno e tira la tendina della doccia. Omar non fa in tempo ad aprire bocca che vede il compagno scattare una foto del suo fondoschiena e mettersi a ridere. Si arrabbia, gli urla «Sei un cretino» mentre l'altro, con WhatsApp, sta già inviando l'immagine a tutta la classe, con il messaggio: "Indovinate di chi è?".

In un secondo l'allegato arriva a tutti e partono i commenti. Quando Omar esce dal bagno, scopre dal cellulare che il suo sedere è diventato di pubblico dominio. Gli si stringe lo stomaco. Sente che vorrebbe prendere a pugni i compagni. Si sente umiliato e deriso. E si vergogna che una foto del suo fondoschiena sia sui telefonini dell'intera classe.

Per lui, la gita finisce in quel momento. Anche se restano a Firenze altri due giorni, racconterà poi che da allora ha cominciato a provare una strana sensazione di ansia e di angoscia.

«Mi sembrava che tutti ridessero di me. Già prima della gita non ero popolare tra i miei compagni, e dopo quell'episodio mi sono sentito al centro dell'attenzione in un modo che mi metteva molto a disagio. I professori non si sono accorti di nulla, perciò alcuni ragazzi hanno mandato la mia foto anche ad altri studenti della scuola. Quando siamo tornati in aula dopo la gita, sono diventato lo zimbello dell'istituto. Avevo la nausea quando entravo dal cancello al mattino e ho perso parecchi giorni di lezione perché mi sentivo sempre male. A quel punto, i miei hanno cominciato a sospettare che qualcosa non andasse e ne hanno parlato con lo psicologo della scuola, che mi ha convocato. Quella mattina non me la dimentico, perché credo di non aver mai pianto così tanto in vita mia. Lo psicologo si è fatto raccontare tutto, mi ha aiutato a capire che quella era la ragione per cui da settimane stavo così male. Soprattutto, mi ha detto che bisognava informare la preside. Io mi sono sentito morire. L'ho implorato di non farlo. Avevo paura che, se i miei compagni avessero saputo che avevo parlato, sarebbe stato peggio. Ma lo psicologo mi ha risposto che potevo stare tranquillo, che gli adulti della scuola avrebbero saputo occuparsi della faccenda e mi ha garantito che non ci sarebbero state ripercussioni su di me. Anzi, da quel momento in avanti le cose sarebbero potute soltanto andare meglio. Ero vittima di un episodio di cyberbullismo, anche se non lo sapevo. E proprio a questo tema la scuola ha dedicato un progetto durante il secondo quadrimestre. Tutte le classi hanno cominciato ad approfondire il tema partendo dalla descrizione del mio caso. Lo psicologo è entrato in ogni classe e ha spiegato che quell'evento era il motivo per cui si stava trattando l'argomento in ogni sezione. Poi ha chiamato fuori tre ragazzi a caso e a ognuno ha chiesto di impersonare i protagonisti della vicenda: la persona che veniva fotografata nuda, il proprietario del telefonino, colui che scattava la foto e la postava su WhatsApp. Da ciascuno si è fatto raccontare che cosa aveva provato (le emozioni) e che cosa aveva pensato mentre avveniva il fatto (le credenze). Poi, tutti si sono scambiati i ruoli. Alla fine, ogni partecipante si era calato nei panni di tutti e tre i protagonisti. Essere al mio posto non piaceva a nessuno. Sapere che il proprio fondoschiena compariva sui cellulari di tanti compagni di scuola non era gradevole.

L'aspetto più interessante è che chi impersonava il fotografo si giustificava sempre con le solite frasi: «Dài, che cosa vuoi che sia una foto. È solo uno scherzo». Poi, davanti alle informazioni fornite dallo psicologo durante l'attività in classe (tra cui la perseguibilità per reati di pedopornografia per chi diffonde e detiene una foto a contenuto sessuale di un minorenne), quasi tutti gli autori del potenziale illecito fanno commenti come: «Quanta roba per una ragazzata! Io non pensavo che fosse così grave! Sono un ragazzino, non un criminale».

Nelle settimane successive, il progetto ha permesso di comprendere che le azioni e le loro conseguenze sono due variabili che non possiamo tenere distinte e separate. Ogni atto comporta effetti ed è fondamentale che, prima di agire, si cerchi di prevederli.

In pochi giorni, molti compagni che avevano la mia foto sul cellulare l'hanno cancellata. In tanti mi hanno scritto messaggi di scuse e alcuni mi hanno invitato alle loro feste. Paradossalmente, l'incidente è servito, alla fine, a rendermi più popolare. Ma cosa sarebbe successo se quella mattina non fossi riuscito a raccontare tutto allo psicologo dello sportello di ascolto?».

LA PREVENZIONE INNANZITUTTO

Che siamo genitori, educatori o insegnanti, è importante comprendere le strategie e gli interventi educativi che possono aiutare bambini, preadolescenti e adolescenti a prendere il meglio del percorso di crescita, delle tecnologie e della naturale propensione a esplorare il territorio della sessualità, senza incorrere in incidenti lesivi per sé o per gli altri.

La storia di Omar è emblematica, perché riguarda una gita scolastica, una tappa importante per tutti i ragazzi. In un'uscita di più giorni ci sono tutti gli elementi che caratterizzano le sfide evolutive di questa fase della vita:

- la separazione dalla famiglia e l'esplorazione del mondo fuori di casa;
- la condivisione di tempi formali e informali con il gruppo dei pari senza il controllo degli adulti;
- le conversazioni e gli scherzi in cui il tema della sessualità aleggia e rimane sospeso come qualcosa da affrontare ed esplorare, seppure ancora a una certa distanza;
- la trasgressione fine a se stessa, intesa come verifica di quanto potere si può sottrarre alla legge degli adulti e

come tentativo di emancipazione e di definizione di un'identità differente da quella della prima e seconda infanzia.

Tutti abbiamo vissuto queste sfide a suo tempo. Il ricordo delle prime uscite con pernottamento fuori casa è probabilmente vivo nella memoria di ognuno. Eppure, ai nostri tempi c'erano meno rischi. La velocità con cui si possono fare le cose con le nuove tecnologie rende spesso difficile agli adulti intervenire in tempo contro azioni maldestre. Episodi di *sexting*, di bullismo a sfondo sessuale, visione di filmini porno nelle stanze d'albergo, messi in atto da ragazzi che si sentono capaci di sfidare in questo modo le regole e l'autorità degli adulti, sono talmente frequenti e faticosi da gestire che molti docenti sono stati costretti ad alzare bandiera bianca. Sempre più spesso, le scuole secondarie di primo e secondo grado rinunciano a organizzare gite. Le scuse sono il costo e il ritardo nei programmi scolastici, ma quasi sempre il vero motivo è che i docenti non se la sentono di prendersi una responsabilità tanto grande. E i quotidiani sono ricchi di episodi più o meno gravi accaduti durante viaggi scolastici. Eppure, credo che in questo modo forniamo a chi sta crescendo l'impressione di sentirci impotenti e alimentiamo la convinzione che la loro crescita non sia accompagnata e regolata dalla presenza degli adulti di riferimento.

I ragazzi, al contrario, dovrebbero avere la percezione che non ci stanchiamo mai di affiancarli, ma al tempo stesso abbiamo un ruolo e funzioni educative di cui condividiamo con loro la responsabilità.

Rifletteteci bene: ciò che è accaduto a Omar avrebbe potuto verificarsi anche trent'anni fa, ma l'esito sarebbe stato probabilmente molto differente. Se anche qualcuno con una macchina fotografica avesse immortalato un compagno nudo sotto la doccia, la mancanza di tecnologie avrebbe rallentato la circolazione dell'immagine. La foto sarebbe finita su un rullino da far sviluppare a un fotografo professionista, e per farlo si sarebbe dovuto attendere il ritorno a casa. Inoltre, lo sviluppatore, in quanto adulto, avrebbe visto gli scatti e alla consegna avrebbe potuto fare commenti, magari con il genitore che andava in negozio a ritirare e pagare le foto. L'autore dello scherzo, perciò, avrebbe dovuto aspettare tre o quattro giorni per vederne l'esito e nel frattempo si sarebbe trovato costretto a interagire con altri adulti, oltre che a spendere soldi. Tutti questi fattori gli avrebbero forse fatto riconsiderare il gesto e probabilmente avrebbe lasciato cadere l'idea. La differenza tra oggi e trent'anni fa è l'intervallo di tempo tra l'azione (lo scatto) e la possibilità di renderla pubblica. In quel frangente, il soggetto può riflettere sulle conseguenze, nonché prevedere le eventuali reazioni degli adulti e di tutte le parti in causa. E anche la vittima ha più tempo di parlare con il compagno, facendogli capire che il suo "scherzo" rappresenta un problema per lui.

Insomma, partendo dalla storia di Omar, si comprende che la vulnerabilità dei ragazzi nasce dalla velocità e dall'impulsività con cui agiscono in rete, soprattutto quando si parla di sesso. Proprio perché tutto ha la durata infinitesimale di un click, è molto probabile che vengano sollecitati tanti comportamenti sull'onda dell'eccitazione e dell'emozione del momento. Questi gesti fanno sperimentare emozioni forti e immediate, che tuttavia per loro natura escludono l'intervento della parte cognitiva del cervello, localizzata nella corteccia cerebrale. Quest'area solitamente permette di integrare emozioni ed eccitazione forti con il pensiero critico, costruire significati, prevedere conseguenze e comprendere cosa succede nella mente dell'altro in seguito a una nostra azione.

Come si possono aiutare i ragazzi a prendere coscienza che ciò che fanno, soprattutto nell'area della sessualità, ha conseguenze per sé e per gli altri? Certamente non abbandonando la scena, come accade quando i docenti si rifiutano di accompagnare gli studenti in gita. In realtà, si deve investire sulla prevenzione, condividendo aspettative e significati, comportamenti giusti e sbagliati. La prevenzione deve basarsi su regole definite e condivise. La condivisione deriva dal fatto che si è parlato a lungo e insieme dei significati che assumono per il percorso di crescita, per la tutela dell'individuo, per la corretta socializzazione con gli altri, per la costruzione di un'identità rispettosa del proprio modo di essere, qui e ora, ma anche in futuro.

La prevenzione andrebbe incentrata, a mio avviso, su quattro cardini:

1. comprendere cosa succede nella mente dell'adolescente o preadolescente, e individuare di conseguenza la posizione educativa più protettiva per le differenti fasce d'età;
2. proporre una buona educazione affettiva e sessuale, che riduca il rischio associato a certi comportamenti e mostri i significati dietro ogni azione;
3. favorire l'educazione e la socializzazione dei giovanissimi nella vita reale, permettendo loro di defi-

nire regole condivise sul buon uso della rete, ma al tempo stesso individuando in modo chiaro tutto ciò che non devono fare;
4. costruire un'alleanza educativa tra adulti, che fornisca ai ragazzi una visione chiara di cosa ci aspettiamo da loro proponendo un modello di comportamento coerente e capace di attribuire significato alle azioni, in modo da poter insegnare molto più con l'esempio che con le parole.

Che cos'hai in testa?

Le neuroscienze hanno fatto luce sui cambiamenti che avvengono nel cervello di un adolescente durante il percorso di crescita. Forse penserete che conoscere queste informazioni non sia poi così importante per il progetto educativo, e invece è fondamentale, perché le trasformazioni che intervengono nel cervello durante l'età evolutiva condizionano profondamente ciò che un ragazzo decide di fare. Immaginate che il cervello sia come una casa a tre piani. Al piano terra si trovano tutte le funzioni associate alla sopravvivenza: una specie di centralina di comando che si attiva ogni volta che è a rischio la sopravvivenza. La fame, la sete, il sonno, la riproduzione sono inscritte in quest'area, che agisce in parte in modo indipendente dalla nostra volontà. Qui ci sono i centri di comando delle attività automatiche respiratorie e cardiocircolatorie.

Al primo piano c'è il cervello emotivo, dove passano tutte le informazioni collegate a ciò che "sentiamo": il dolore e il piacere, la gioia e la tristezza, la rabbia e la paura sono tutte regolate in questa zona. Negli adolescenti, è giunta a piena maturazione e, soprattutto nei primi anni dell'adolescenza, tende a fare colpi di stato, tenendoli in scacco e inducendoli ad agire sull'onda di ciò che provano, piuttosto che del pensiero. "Mi piace? Mi diverte? Mi fa stare bene?" sembrano le tre domande cruciali intorno a cui verte la loro mente. Ecco perché i comportamenti sono molto concentrati sul piacere: "Se mi piace lo faccio, se mi diverte mi ci butto, se mi fa stare bene (nel senso di pura sensazione di pancia) perché dovrei rinunciarci?". Nella preadolescenza e prima adolescenza, i nostri figli si trovano in gran parte intrappolati in questa programmazione del cervello, orientata al qui e ora, in cui l'unico principio vigente è "*Life is now*", parafrasando uno slogan pubblicitario che, guarda caso, ha a che fare con le tecnologie.

L'adulto, infine, sostiene le funzioni che risiedono al secondo piano: quelle cognitive, ovvero la capacità di produrre pensiero, di riflettere sulle azioni, di prevedere le conseguenze di ciò che facciamo o potremmo fare. L'area del cervello deputata si chiamata corteccia prefrontale ed è situata sopra gli occhi, proprio dietro la fronte che tante volte, quasi senza accorgercene, massaggiamo con la punta delle dita quando siamo immersi in una riflessione impegnativa o dobbiamo risolvere un problema complesso. È l'ultima zona che si riorganizza nel corso dello sviluppo, perciò è in divenire, un cantiere aperto che si trasforma di continuo, ma che non permette di accedere in fretta a tutti i servizi a cui deve assolvere. Solo quando sarà pienamente sviluppata il ragazzo potrà compiere operazioni cognitive complesse, inibire il desiderio di "piacere ed eccitazione" in funzione di un bene maggiore che, per esempio, potrebbe arrivare solo dopo molto tempo. È questa la zona che consente di sostenere la fatica, la frustrazione, di rimandare la gratificazione, di comprendere che certe cose, anche se molto attraenti sul momento, potrebbero rivelarsi un boomerang nel futuro a breve, medio e lungo termine. Pensiamo a una situazione tipica dell'adolescenza e delle gite scolastiche: il furto in autogrill. Per quasi tutti gli adolescenti è una tentazione irresistibile. Trasgredire impossessandosi di un oggetto desiderato senza pagarlo, sfidando le regole e l'autorità degli adulti, rappresenta un mix di elementi che risponde appieno ai bisogni del cervello emotivo. L'impulso potrebbe essere bloccato solo con l'azione del cervello cognitivo, capace di inibire l'eccitazione e il desiderio di una simile esperienza innescando riflessioni come: "È contro la legge. Potrei essere multato, o addirittura denunciato", "Se i miei genitori lo venissero a sapere, ci rimarrebbero male", "Va contro la mia morale e mi farebbe sentire in colpa. Non è giusto appropriarmi di qualcosa che non è mio". Perché quest'area cerebrale possa prevalere, però, spesso i ragazzi hanno bisogno di essere sostenuti, motivati e abituati a riflettere sulle azioni, senza cercare solo la gratificazione immediata. E a farlo devono essere adulti di cui si fidano e ai quali riconoscono un ruolo di guida.

Ecco perché, per usare il modello di mente e cervello fornito dalle neuroscienze, noi grandi dobbiamo diventare il "lobo frontale" dei nostri figli, vicariando le funzioni del loro, ancora in formazione. Questo significa saperli affiancare e aiutarli ad agire non solo in base al piacere, per cui sono programmati, ma anche in base al dovere, alla morale, all'etica, al rispetto di sé e degli altri.

Queste istanze sono alla base della relazione educativa tra adulti e minori, ma al tempo stesso possono essere costruite e rinforzate attraverso un lavoro di prevenzione che permetta ai giovani di generare un "lobo frontale" di gruppo. Si tratterà, allora, di far sperimentare loro situazioni complesse e a rischio in un contesto protetto, invitandoli a prevedere gli aspetti di una questione che normalmente non sono in grado di considerare in tempo reale mentre l'evento accade.

La prevenzione che proponiamo a chi sta crescendo dovrebbe fungere da "ascensore" che si muove rapido tra il primo e il secondo piano, da meccanismo che rende più complesso il dialogo interiore. Nostro figlio dovrebbe, cioè, passare dal principio del "Mi piace? Mi diverte? Allora lo faccio" a un ragionamento più articolato:

Cervello emotivo: "Mi piace! Allora lo faccio".

Cervello cognitivo: "Vacci piano, lo so che ti piace, ma dovresti prima verificare se è la cosa migliore per te e per gli altri".

Cervello emotivo: "Perché mi devo preoccupare degli altri? Se una cosa mi piace, la faccio e basta".

Cervello cognitivo: "Eh no caro mio, perché se gli altri facessero lo stesso con te, non ne saresti così felice: ti troveresti nei pasticci, o quantomeno ti sentiresti a disagio".

Attraverso questo dialogo interiore un ragazzo imparerà a non mettersi nei guai, a non fare male agli altri e progressivamente introietterà regole sociali importanti. Ogni frase è uno spostamento dell'ascensore che si muove tra emozione e ragione e che deve portare a compiere la scelta giusta.

In questo libro avete a disposizione molti strumenti per l'educazione e la prevenzione con i vostri figli, grazie alle storie che aprono ogni capitolo e ai film e video da vedere insieme (e di cui discutere in classe, se siete insegnanti). Alla luce delle informazioni che avete appreso leggendo, aiutateli a vedere ogni singola situazione da più punti di vista possibile. Fornite loro l'occasione di rafforzare alcune caratteristiche proprie della corteccia prefrontale in via di definizione:

- autoriflessività, la capacità di riflettere su se stessi e sul proprio operato;
- empatia, l'abilità di sentire che cosa prova e sente il prossimo;
- pensiero critico, ossia saper vedere una cosa da molti punti di vista differenti;
- cooperazione, ovvero sapersi alleare con gli altri per perseguire il bene di tutti, e non per affermare il dominio di uno sugli altri.

Grazie alle neuroscienze, ora sappiamo che lavorare sulla prevenzione permette di scolpire e modellare la mente degli adolescenti. Se li aiutiamo a pensare e a riflettere con stimoli *ad hoc*, il cervello comincerà ad attivare reti neuronali che senza questo stimolo non sarebbero sviluppate e strutturate. I famosi "ascensori" tra il primo e il secondo piano (cervello emotivo e cognitivo), allora, altro non sono che sinapsi, collegamenti tra aree cerebrali differenti, che si possono generare grazie a un'attività specifica.

Proprio perché i giovani sono programmati per seguire l'eccitazione e l'emozione piuttosto che il ragionamento e la riflessione, il rischio è che nel percorso di crescita siano stimolati a rinforzare solo i circuiti neuronali che li fanno stare bene qui e ora. Costruire una visione complessa del mondo, facilitare una modalità integrata di ragionamento che includa funzioni cognitive complesse è invece il risultato di un processo educativo che solo l'adulto può promuovere, supportare e integrare nella loro vita.

Non va trascurato, poi, che i nativi digitali sono abituati a emozioni e sollecitazioni facili e immediate non solo attraverso media e relazioni virtuali, ma anche tramite sostanze psicotrope che regalano un benessere chimico e a portata di mano. Questo li allontana da un percorso esistenziale che ricerchi il benessere in situazioni più complesse e ricche di significato, e li illude che la felicità sia una sensazione stimolabile con mezzi esterni. Allo stesso modo, ogni volta che sperimentano dolore, hanno a disposizione una vasta offerta di prodotti farmaceutici per alleviare il fastidio. Gli adolescenti di oggi sono grandi consumatori di psicofarmaci e antidolorifici. Insegnare loro a gestire il disagio attraverso una pasticca che medica e tampona tutto ciò che non piace, fa stare male o dà fastidio, fa perdere loro la capacità di trovare dentro di sé risorse cognitive ed emotive integrate per affrontare le inevitabili frustrazioni e fatiche della vita.

Prima iniziate, meglio è

La sessualità fa parte della nostra identità, ci fa sentire di appartenere al genere maschile o femminile, ci spinge verso un'altra persona alla ricerca dell'amore, ci fa scoprire le meraviglie del piacere, ci trasforma da bambini in adulti e, al momento giusto, se lo desideriamo, da figli in genitori. I passaggi possono variare da persona a persona, come anche il loro ordine, ma senza dubbio parte del nostro progetto di vita, ciò che siamo o sogniamo di diventare, passa attraverso la sessualità. L'Organizzazione Mondiale della Sanità (Oms) la definisce «un aspetto centrale dell'essere umano che comprende il sesso, l'identità di genere e di ruolo, l'orientamento sessuale, l'erotismo, il piacere, l'intimità e la riproduzione. L'espressione della sessualità avviene attraverso pensieri, fantasie, desideri, opinioni, attitudini, valori, comportamenti, pratiche, ruoli e relazioni con gli altri. La sessualità è quindi un fenomeno complesso, influenzato dall'interazione di fattori biologici, psicologici, sociali, economici, politici, culturali, etici, legali, storici, religiosi e spirituali».[1]

Di conseguenza, l'Oms definisce la salute sessuale come «uno stato di benessere fisico, emotivo, mentale e sociale legato alla sessualità e non riducibile all'assenza di malattia, disfunzione o infermità, che riguarda l'individuo senza distinzioni di sesso, razza ed età. La salute sessuale richiede un approccio positivo e rispettoso alla sessualità e alle relazioni sessuali, così come la possibilità di avere esperienze sessuali piace-

[1] Questa citazione e la successiva sono tratte da Organizzazione Mondiale della Sanità, *Defining Sexual Health. Report of a Technical Consultation on Sexual Health 28-31 January 2002*, Geneva, Ginevra 2006.

voli e sicure, libere da coercizioni, discriminazioni e violenza».

Se ci guardiamo intorno in una giornata tipo, in un qualsiasi momento della vita, probabilmente ci troveremo circondati da un'infinità di messaggi che in gran parte punteranno a un'eccitazione pornografica, senza connettere mai il sesso con una relazione e con le emozioni. Per un adolescente, spesso rappresentano l'unica fonte di educazione sessuale, ma quasi tutti smentiscono, o addirittura violano, la definizione dell'Oms.

Come genitori ed educatori, abbiamo bisogno di riconoscere che l'educazione sessuale informale e implicita nella vita dei ragazzi trasmette stimoli, immagini e sollecitazioni opposte all'«approccio positivo e rispettoso» di cui avrebbero enorme bisogno. E le nuove tecnologie, pur non essendo la causa diretta della loro confusione e diseducazione sessuale nel terzo millennio, rappresentano un indiscusso fattore di rischio. L'accesso continuo e indiscriminato, senza filtri e senza precauzioni adatte all'età dell'utente, ha reso i nostri figli consumatori e al tempo stesso produttori di contenuti e messaggi inadeguati alla loro crescita e benessere personale.

Nel ruolo di educatori, non possiamo ignorare che la sessualità, nel percorso di sviluppo e in particolare nell'adolescenza, è una dimensione che pulsa e si fa sentire, ma ha anche bisogno di essere progressivamente integrata in un progetto di vita, considerata non solo un istinto, ma uno strumento di realizzazione dei propri bisogni di relazione ed emotivi. Cercare un amico o un'amica speciale a quattordici anni è un'esigenza che risponde a una sfida evolutiva ben precisa. Non si è più piccoli, non si può più dipendere dai genitori, non si può più amare solo mamma e papà ed essere ricambiati in esclusiva da loro. Bisogna uscire nel mondo, esporsi allo sguardo e al giudizio degli altri, costruire nuove alleanze e lasciarsi entusiasmare da relazioni ben differenti da quelle, prevedibili e protettive, coltivate fra le pareti domestiche. Gli adolescenti sanno fare tutto questo. Anzi, sono predisposti a farlo. Lo sviluppo cognitivo ed emotivo che li trasforma da bambini in adulti li prepara a progettare e poi a compiere il grande salto: quello dalla cameretta di casa alle strade del mondo, che li renderà esploratori della vita, della città, delle persone che li circondano. Anche l'ingresso nella pubertà prepara il corpo, con lo sviluppo, all'incontro con un partner e gli ormoni bombardano il cervello, permettendo di sperimentare intensamente sensazioni prima sconosciute e regalando una profonda eccitazione davanti a qualsiasi stimolo erotico. In realtà, in ogni cultura e in ogni epoca storica la fase adolescenziale è caratterizzata da un allargamento della sfera sociale e dalla ricerca di un legame di coppia con un coetaneo. I ragazzi sognano e a volte si avventurano in una storia d'amore perché vogliono diventare autonomi, distaccarsi emotivamente dai genitori (e quale migliore strategia per non sentirsi più invischiati nell'abbraccio materno che finire in uno ben più soddisfacente?). Ma intrecciare una relazione amorosa, "connettersi emotivamente" con qualcuno che ci prende tutto (il cuore, i sensi, il tempo libero, i sogni, le fantasie) non serve soltanto a potenziare e migliorare la nostra capacità di interazione con gli altri, ma garantisce anche una notevole conoscenza di sé, del modo di guardare e di pensare a se stessi. Insomma, una storia d'amore modifica significativamente il modo in cui ciascuno guarda il mondo, nonché l'opinione che ci si crea di sé. Serve a capire chi siamo, dove vogliamo andare nella vita e che ci facciamo su questo pianeta. Inoltre, contribuisce a strutturare un'identità di genere, a immaginare chi saremo sul breve e sul lungo termine e a darci la speranza per sognare il futuro come uno spazio di costruzione, progettazione e realizzazione. Chi ama viene riamato, e questo produce un effetto sull'autostima.

Nell'adolescenza, sentirsi capaci di gestire tutto questo è un'impresa quasi impossibile. E infatti, gli amori in questa fase hanno scarsa tenuta, sono fragili, veloci, intermittenti. Innamorarsi e disamorarsi è quasi fisiologico. L'importante, mentre si è giovani e si cerca di vivere esperienze da grandi, è prendere confidenza con la materia, muoversi intorno ai fondamentali di un'attività che più avanti praticheremo in forma ben più impegnativa, con conseguenze e implicazioni che per molti durano per sempre. La sessualità diviene uno stimolo alla creazione di legami e alimenta il desiderio di continuare a sperimentarli anche se a volte generano dolore, anche se separarsi dopo essersi amati per qualcuno diventa una sofferenza quasi insostenibile. La sessualità che penetra nella relazione con l'altro genera un livello di intimità, condivisione e sintonia che dà senso a tutto: a ciò che è stato (il mio passato e la mia storia fino a oggi), a ciò che è (le trasformazioni che stanno avvenendo nella mente e nel corpo), a ciò che sarà (il compimento del mio progetto di vita, in cui la costruzione di un rapporto stabile sancisce l'ingresso definitivo nel mondo adulto).

In questo momento storico, la sessualità nella vita degli adolescenti sembra avere funzioni e porre sfide evolutive alquanto labili, e pare ancorata, piuttosto, a un principio edonistico quasi esclusivamente autoriferito, anziché essere indirizzata all'esterno, verso la ricerca di condivisione emotiva e intima con un'altra persona.

Per questo è fondamentale che accompagniamo la crescita dei minori con un solido progetto di educazione affettiva e sessuale. Significa prevedere in ogni fase della vita, a partire dalla prima infanzia, messaggi e contenuti erotici che i bambini hanno bisogno di imparare da noi sia attraverso progetti scolastici ed extrascolastici (per esempio durante attività sportive, all'oratorio, tramite lo scoutismo ecc.), sia nella relazione quotidiana e informale tra genitori e figli. Noi adulti non siamo stati abituati a parlare di sessualità con i piccoli: quando eravamo bambini nessuno lo ha fatto con noi. Ma il silenzio di un tempo non era accompagnato da una stimolazione continua nella vita di tutti i giorni. Se oggi noi non impariamo a parlarne con i figli, l'unica voce che sentiranno è quella di chi, in rete o nelle chat, tenta, magari, di coinvolgerli in esperienze inadeguate ai bisogni dell'età e potenzialmente molto pericolose.

Qual è il progetto di educazione sessuale che avete sviluppato nella vostra famiglia? Verificate quali attività offre l'istituto scolastico in quest'ambito. Soprattutto, definite, in base alle esperienze che dovranno vivere, quali competenze volete che sviluppino i figli.

Spiegare loro come funziona il corpo, la differenza fisica tra maschi e femmine, come possono proteggersi dal rischio di abusi rappresenta un bagaglio fondamentale che non può mancare nell'educazione della scuola dell'infanzia e del primo ciclo della scuola primaria.

Che cosa succede con lo sviluppo, quali cambiamenti fisici e mentali porterà, la correlazione tra eros e piacere, la responsabilità e il rispetto come requisiti imprescindibili in ogni interazione sessuale sono temi che vanno approfonditi in tutte le sfaccettature con preadolescenti e adolescenti. Questo significa saper parlare di masturbazione e di contraccezione, ma anche di relazione ed emozione, di sintonia e di attesa, di diritti e di doveri, di intimità e di connessione emotiva. Presi singolarmente, sono temi che dicono poco o nulla, ma nell'insieme aiutano a vedere il sesso come un ingrediente fondante e fondamentale dei propri progetti di vita.

Naturalmente, il lavoro educativo implica anche l'esplorazione dell'idea e dell'immagine, delle suggestioni e delle stimolazioni, dei modelli e delle rappresentazioni che il web e i social network offrono.

Dotatevi di manuali per genitori e per ragazzi: le librerie ne sono ricche, perché queste pubblicazioni si sono moltiplicate negli ultimi dieci anni per il crescente bisogno degli adulti, che si sentono soli e senza risorse davanti a un argomento tanto complesso. Ma imparate anche a parlarne con altri adulti, genitori e insegnanti in primo luogo, oltre che con specialisti: il pediatra, il medico di famiglia e, se siete religiosi, con le figure che hanno un ruolo educativo nella vostra comunità spirituale.

Secondo David Finkelhor, che ha analizzato i comportamenti on-line di migliaia di adolescenti e che ha promosso i più importanti studi disponibili a oggi sui reati sessuali su minori attraverso il web, il più importante strumento di prevenzione è la nostra capacità di proporci come educatori validi e coerenti. I soggetti più a rischio di adescamento con le nuove tecnologie sono quelli che si sentono più soli e isolati, e che soddisfano la loro curiosità ed eccitazione con adulti che non hanno alcuna intenzione di affrontare con loro le molte questioni associate alla crescita, agli ormoni, al desiderio e a tutto ciò che ne deriva. Lo ripeto: l'unica prevenzione possibile è nascosta in tre parole: PARLARE, PARLARE, PARLARE.

Patti chiari, amicizia lunga

Muoversi nel web è complesso. Non richiede solo competenze tecniche (come si fa), ma anche competenze cognitive complesse (perché fare o non fare qualcosa, prevedere le conseguenze di un semplice click, vedere le cose in prospettiva e non solo al presente).

Molti genitori sono sprovvisti di queste nozioni di base. Spesso i figli sono molto più esperti di loro con il computer e la tecnologia in generale. Sono tanti le mamme e i papà che si ritengono analfabeti digitali, perciò i ragazzi hanno la possibilità di muoversi in autonomia e di esplorare i territori virtuali e digitali senza supervisione. Del resto, come potrebbe una persona senza patente aiutare un neopatentato a guidare bene? Purtroppo, oggi non possiamo permetterci il lusso dell'ignoranza sugli strumenti che le nuove generazioni usano ogni giorno. Non possiamo pensare di mettere nelle mani di un bambino della scuola primaria uno smartphone oppure un tablet connesso con la rete senza sapere come funziona, le regole di navigazione da fissare e gli strumenti per controllare la quantità e la qualità d'uso da parte del minore.

Qual è il codice di comportamento da tenere quando si parla di sé e si postano informazioni e materiali personali, mettendoli a disposizione di un pubblico sterminato che potenzialmente può avere accesso da qui all'eternità a ciò che inviamo in un millisecondo e con un click?

Che cosa significa che tra dieci anni le mie azioni on-line di oggi potrebbero essere valutate da un datore di lavoro, che per scegliere il candidato ideale per una posizione si affiderà non solo al *curriculum vitae* tradizionale, ma anche alle tracce lasciate in rete nel tempo?

Se la risposta alla prima domanda è creare un codice di bon ton per la navigazione in rete, la cosiddetta *netiquette*, la seconda questione va affrontata parlando con bambini e ragazzi di impronte digitali, segni indelebili che, una volta immessi nella rete, sono pressoché impossibili da cancellare.

Più che usare un decalogo di norme già presenti in

molti siti e pubblicazioni di settore, è utile produrne uno originale e personalizzato, che risponda ai bisogni di uno specifico minore o gruppo di minori in un dato momento.

Per esempio, riprendendo il caso della gita scolastica, è cruciale trattare l'argomento con gli studenti prima della partenza. Invece di porre un generico rifiuto al viaggio ("Con voi non andremo mai in gita"), serve piuttosto definire regole di comportamento inviolabili. Molti insegnanti e dirigenti scolastici concedono di accendere il cellulare, ma solo in alcune fasce orarie; numerose scuole hanno una figura di riferimento a cui tutti i ragazzi possono rivolgersi per chiedere aiuto per sé o per un compagno coinvolto, volontariamente o meno, in un episodio di cyberbullismo o di *sexting*.

Lo stesso si può fare a casa. Se vogliamo essere la corteccia prefrontale dei nostri figli, ha senso che definiamo con loro un contratto e una serie di norme per usare internet, tablet, computer e cellulari. Non dimenticate che gran parte dei problemi di cui abbiamo parlato nasce proprio da un clima familiare che non considerava un problema l'uso delle tecnologie da parte dei figli e non ha prodotto alcun sistema di regolamentazione e controllo.

Grande scalpore ha destato il contratto in diciotto regole che una mamma blogger statunitense, Janell Burley Hofmann, ha chiesto di sottoscrivere al figlio Gregory dopo avergli regalato un iPhone.

L'iniziativa ha fatto il giro del mondo. Qualcuno ha preso per pazza questa donna, così precisa nel definire che cosa si può e non si può fare con un iPhone quando si hanno solo tredici anni. Altri, invece, l'hanno presa a modello. Credo che sia un buon esempio di cui discutere in famiglia, magari partendo dalla domanda: "Quali tra queste regole ci sembrano utili per un uso corretto del cellulare quando si è minorenni?", "Quali vogliamo includere nel nostro contratto familiare?", "Quali, riteniamo valide ma da modificare, magari attenuandole o, al contrario, rendendole più restrittive?".

Ecco le diciotto regole di Janell, su cui potrete impostare il vostro personale contratto di famiglia:

1. *Il telefono è mio. L'ho comprato io. L'ho pagato io. In sostanza, te lo sto prestando. Sono la migliore o no?*
2. *Saprò sempre la password.*
3. *Se suona, rispondi. È un telefono. Di'* «Ciao»*, sii educato. Non provare mai a ignorare una tele-*

fonata se sullo schermo vedi scritto "Mamma" o "Papà". MAI.

4. *Consegna prontamente il telefono a uno dei tuoi genitori alle ore 19,30 dei giorni di scuola e alle ore 21,00 nei fine settimana. Verrà spento per la notte e riacceso alle 7,30 del mattino. Se c'è un momento in cui non ti verrebbe da chiamare qualcuno sul suo telefono fisso perché temi che potrebbero rispondere i suoi genitori, allora non chiamare o non scrivere messaggi. Dai retta all'istinto e rispetta le altre famiglie, come noi vorremmo essere rispettati.*
5. *Il telefono non viene a scuola con te. Parlaci un po' con le persone a cui normalmente mandi messaggi. Fa parte delle cose che si devono imparare nella vita. Sui giorni in cui esci prima da scuola o i giorni di gita è necessaria una valutazione caso per caso.*
6. *Se il telefono cade nella tazza del water, va in pezzi cadendo a terra o svanisce nel nulla, sei responsabile del costo di sostituzione o riparazione. Taglia l'erba, fai il babysitter, metti da parte i soldi che ti regalano al compleanno. Se succede devi essere pronto.*

7. *Non usare la tecnologia per mentire, deridere o ingannare un altro essere umano. Non farti coinvolgere in conversazioni che possono fare del male a qualcun altro. Sii un buon amico e non ti mettere nei guai.*
8. *Non scrivere in un messaggio o una mail qualcosa che non diresti di persona.*
9. *Non scrivere in un messaggio o in una mail qualcosa che non diresti in presenza dei tuoi genitori. Cerca di censurarti, stacci attento.*
10. *Niente porno. Cerca sul web contenuti di cui parleresti anche con me. Se hai domande rispetto a qualsiasi cosa, chiedi a una persona, preferibilmente a me o a papà.*
11. *Spegnilo, rendilo silenzioso, mettilo via quando sei in pubblico. Specialmente al ristorante, al cinema e mentre parli con un altro essere umano. Non sei una persona maleducata, non permettere all'iPhone di trasformarti.*
12. *Non inviare e non chiedere foto delle tue parti intime o di quelle di qualcun altro. Non ridere. Un giorno sarai tentato di farlo, a dispetto della tua intelligenza. È rischioso e potrebbe rovinare la tua vita al liceo, all'università, da adulto. Il cy-*

berspazio è vasto e più potente di te. Ed è difficile far sparire le cose da questo spazio, inclusa una cattiva reputazione.

13. *Non fare miliardi di foto e video. Non c'è bisogno di documentare tutto. Vivi le tue esperienze, rimarranno nella tua memoria per sempre.*
14. *Lascia il telefono a casa, qualche volta, e sentiti sicuro di questa decisione. Non è vivo e non è una tua estensione. Impara a fare senza. Sii più grande e potente della PDPQ, la Paura Di Perdersi Qualcosa.*
15. *Scarica musica nuova o classica o diversa da quella che ascoltano milioni di tuoi coetanei. La tua generazione ha un accesso alla musica senza precedenti nella storia. Approfittane, espandi i tuoi orizzonti.*
16. *Gioca a qualche gioco di parole o di logica che stimoli la tua mente, ogni tanto.*
17. *Tieni gli occhi aperti. Guarda cosa succede intorno a te. Guarda fuori dalla finestra. Ascolta il canto degli uccellini. Fai una passeggiata, parla con uno sconosciuto, fai lavorare la tua immaginazione senza Google.*
18. *Farai qualche casino. Ti ritirerò il telefono. Ci*

metteremo seduti e ne parleremo. Ricominceremo da capo. Io e te continuiamo a imparare cose nuove, giorno per giorno. Io sono dalla tua parte, sono nella tua squadra. Siamo insieme in questo.[2]

L'unione fa la forza

Per spiegare cosa intendo per "mente adulta comune" ai fini della prevenzione, ricorrerò a due proverbi: "L'unione fa la forza" e "Per crescere un bambino ci vuole un villaggio".

Partiamo dal primo. Penso che noi adulti dovremmo davvero unirci per restituire ai giovani una visione condivisa di quanto ci aspettiamo da loro.

Le nuove tecnologie sono entrate in modo massiccio nella vita dei nostri figli e siamo rimasti lì a guardare quanto stava succedendo, senza sviluppare un pensiero maturo al riguardo, senza interrogarci e interrogare gli altri adulti sui vantaggi e svantaggi per i soggetti in età evolutiva. Il ruolo di spettatori passivi, in balia del sistema, ha lasciato al mercato piena libertà, gli ha

---

[2] Traduzione italiana tratta da *18 regole sull'uso di iPhone*, sul sito *www.ilpost.it*, 1 gennaio 2013.

permesso di trasformarsi in un educatore implicito assai più potente di noi, educatori espliciti, ma privi di munizioni e di convinzioni per contrastare il subdolo strapotere del marketing sulle nostre vite.

La cronaca racconta spesso casi di conflitti tra scuola e famiglia, in cui i genitori disapprovano le regole dell'istituto.

Una mamma ha denunciato la scuola che aveva requisito il cellulare del figlio dodicenne perché lo aveva utilizzato in classe per mostrare materiale pornografico ai compagni. Anche se gli insegnanti impongono che i cellulari restino a casa durante le lezioni, sono migliaia gli adulti che li infilano di nascosto in una tasca dello zaino e chiedono al bambino di accenderlo in bagno durante l'intervallo per sapere com'è andata la giornata. Se gli Scout propongono un campeggio di una settimana senza alcuna tecnologia al seguito, molti genitori minacciano di ritirare i figli dal gruppo, adducendo come scusa la necessità di verificare con telefonate quotidiane se è tutto a posto. Insomma, come si può constatare da questi esempi, siamo noi grandi i primi a non avere una visione comune sull'argomento.

I giovani, invece, sono uniti e determinati nel perseguire i propri obiettivi. «Tutti lo fanno, tutti ce l'hanno, non posso essere l'unico che viene escluso e preso in giro perché non ha un profilo Facebook, WhatsApp o il cellulare». Con frasi simili dimostrano di fare fronte comune, di ispirarsi al comportamento degli altri come modello. E mentre loro fanno gruppo e ci mettono con le spalle al muro, noi adulti ci facciamo la guerra sulla linea educativa da tenere, tra chi ha potere e chi ne vuole ancora di più, insomma siamo allo sbaraglio e privi di un copione, lasciando indifeso un fronte che invece dovrebbe vederci tutti allineati, compatti e in prima linea.

Per questo auspico che i genitori imparino sempre di più a condividere un modello educativo in cui si possa riconoscere anche la scuola e chiunque sia a contatto con preadolescenti e adolescenti.

Troppe volte persone come me, che mettono in discussione alcuni modelli di comportamento eccessivamente consumistici o stili di vita orientati al puro piacere, vengono tacciate di essere antiche e bigotte. E a dirlo non sono i giovanissimi come ci si aspetterebbe (perché loro, per natura, vogliono tutto e subito, mentre noi mettiamo paletti, rallentiamo la corsa insegnando ad avere pazienza, a procedere per gradi, a desiderare e a progettare ciò che sembra improcrastinabile), ma adulti come noi, magari genitori o insegnanti, che hanno una visione differente dell'educazione, della crescita, delle regole e dei limiti. Credo che in questa nostra frammentazione di valori e ideali, obiettivi e stili educativi stia il principale fattore di rischio. I figli non hanno più una bussola, né interiore, perché non l'hanno appresa dai genitori, né esterna, perché non credono più a noi adulti e non ci considerano coerenti. E purtroppo, la bussola è l'unico strumento in grado di orientarli e di indurli ad agire in un mondo complesso senza rischiare troppo, senza trovarsi coinvolti in situazioni pericolose o dannose per la crescita.

Ecco perché auspico che il secondo proverbio divenga uno slogan al quale ispirarci. Per crescere un bambino ci vuole un villaggio: e intendo un villaggio reale, fatto di gente vera, di uomini e donne, padri e madri che si impegnano a essere genitori non solo dei propri figli, ma anche dei figli degli altri.

Ripensiamo ad alcuni dati presentati in questo libro: la ricerca di Save the Children, per esempio, che ha mostrato che attualmente molti adulti sono disponibili a chattare con minori sconosciuti senza avvertire la responsabilità del ruolo e il rischio che nella relazione, spesso a sfondo sessuale, i minori rimangano confusi e non percepiscano più i limiti naturali dell'interazione tra grandi e piccoli. Oppure riflettiamo su quanti tra noi abbiano profili Facebook con immagini di sé piuttosto osé. Che cosa impareranno allora i giovanissimi sull'uso di internet? E ancora, pensiamo a quanti professionisti mettono le proprie competenze ed energie al servizio di progetti diseducativi: penso agli psicologi che permettono alle multinazionali dell'alcol e del tabacco, della pornografia e del gioco d'azzardo di utilizzare strategie promozionali efficaci nell'accalappiare minori da trasformare in clienti, con il pericolo che si ritrovino dipendenti cronici di prodotti che fanno male alla salute, alle relazioni e minano nel profondo il senso di sicurezza e di integrità dell'individuo. E ancora, penso a quanti decidono di chiudere gli occhi, oppure dichiarano esplicitamente di non volersi occupare di comportamenti e azioni di persone al di fuori del proprio nucleo familiare, come se la vita iniziasse e finisse tra le pareti di casa.

È da qui che si deve ripartire, dalla comprensione che la sindrome da TTP (Tutto Troppo Presto) dei nostri figli è il sintomo di una sindrome più ampia, che interessa il mondo adulto. Bauman ha ben sintetizzato questa tendenza nel concetto di "società liquida", dominata dall'incertezza perché ci siamo trasformati da produttori in consumatori, protagonisti di una vita senza più sicurezze e costretti ad adeguarci alle abitudini del gruppo (sempre più in mano a chi crea il mercato per ricavarne un profitto) per non sentirci esclusi. Per Bauman la radice della sofferenza oggi nasce dalla paura di non poter comprare (il superfluo, non il necessario), rischiando di sentirsi fuori dalla modernità che regola la vita di tutti. In questo modello si diventa poveri e infelici, se non si è come gli altri: consumatori.

M noi genitori non stiamo crescendo futuri consumatori, bensì futuri uomini e donne il cui progetto di vita si fonda su una felicità basata non su ciò che abbiamo, ma su ciò che siamo, che nasca non dalla capacità di provare piacere, bensì dalla consapevolezza di saper essere. Per questo dobbiamo rimanere uniti e sentirci parte di un villaggio che aiuta a crescere i figli in armonia, con i giusti tempi. Né troppo tardi, né troppo presto.

Appendice

DECALOGO PER GENITORI PREVIDENTI

1. **Siate ragionevoli.** Il cervello degli adolescenti è propenso a cercare il piacere e l'eccitazione. Solo la vostra ragione può aiutarli a evitare comportamenti a rischio.
2. **Fate prevenzione: meglio prima che dopo.** Molto meglio parlare prima e a lungo di cosa può succedere, delle esperienze che possono provare e di ciò che, invece, volete che non sperimentino mai. Troppo spesso si affronta l'argomento quando il danno è già fatto. Meglio prima che dopo è una regola fondamentale per la prevenzione, ancora più necessaria a quest'età.
3. **Fate educazione affettiva e sessuale fin da piccoli.** I soggetti più a rischio sono quelli che non hanno mai ricevuto una buona educazione sessuale dai

genitori, perciò cercano risposte (e adulti disponibili a dargliele) nel sistema di interazione sociale che conoscono meglio: il web e i social network.

4. **Chiedete aiuto a libri e film.** Libri e film vi permettono di vedere in azione uomini e donne, ragazzi e ragazze alle prese con sfide e problemi complessi che potrebbero verificarsi anche nella vostra vita. "Cosa faresti se capitasse a te?", "A chi chiederesti aiuto?", "Quali sono i momenti critici che, individuati in tempo, avrebbero potuto evitare il peggio?", "Che cosa conviene fare o non fare in situazioni simili?". Porre queste domande dopo aver letto un libro o visto un film che stimola il dibattito è uno strumento di prevenzione straordinario e a portata di mano.
5. **Parlate di tutto con i figli.** Sin da quando sono piccoli, abituateli a vedere le cose sotto vari punti di vista. La realtà non sempre è come appare. Spesso la verità va cercata più a fondo. Chi è sexy e disinibito in TV sembra essere anche pieno di successo nella vita. Ma è davvero così? E siamo sicuri che sia quello il segreto della felicità?
6. **Il corpo non è tutto.** In questo contesto socioculturale, gran parte del valore delle persone dipende

dall'aspetto esteriore. La regola può funzionare nei media, ma non necessariamente nella quotidianità. Imparate a guardare con spirito critico allo strapotere della forma sulla sostanza, in una società concentrata sull'apparenza.

7. **Fissate regole condivise per l'uso della tecnologia.** Definire un contratto con regole precise che stabiliscano cosa si può fare e soprattutto mettano in chiaro cosa non si può fare aiuta tutti, adulti e ragazzi, ad avere chiari limiti e confini, sia in casa, sia fuori.
8. **Alleatevi con gli altri adulti della vostra comunità.** Sottoscrivete sempre le norme educative che vi vengono proposte. Anche se a volte le ritenete troppo restrittive, affidatevi alle norme che la scuola, le associazioni sportive, le associazioni di volontariato e del tempo libero impongono ai giovani. Anzi, se frequentano anche ambienti che non prevedono misure protettive, domandatevi se siano sicuri.
9. **Non perdete tempo e non fate finta di niente.** Se pensate che vostro figlio si stia mettendo nei pasticci, se venite convocati dalla scuola perché ha fatto qualcosa di pericoloso o ha provocato un danno a qualcun altro, se un amico o un conoscente vi

informa che si è trovato coinvolto in situazioni pericolose, se avete una strana sensazione "di pancia", non fate finta di non vedere e non perdete tempo. Affrontate con lui la questione, mettetelo a confronto con le persone che si sono preoccupate per lui, chiedetegli garanzie e verificate insieme se i vostri sospetti sono fondati. Insomma, non lasciate correre su un'informazione che potrebbe rivelarsi estremamente utile per evitare problemi più gravi in futuro.

10. **Date l'esempio.** Se volete che i ragazzi rispettino una regola, siate voi i primi a rispettarla: la coerenza è il miglior alleato di un educatore. Perciò, riflettete sul modo in cui usate la tecnologia. Che cosa imparano i vostri figli da voi? Apprendono che ci sono momenti in cui deve rimanere spenta? Pubblicate loro fotografie sui vostri profili Facebook? Spiegate che anche voi fate attenzione a non andare su siti per adulti e a non immettere in rete dati sensibili.

RINGRAZIAMENTI

Ringrazio Annachiara Tassan e Monica Pagani di De Agostini per l'entusiasmo che hanno mostrato verso questo progetto. Come al solito, lavorare insieme a loro è stato stimolante e sono davvero grato per la cura con cui hanno voluto e seguito quest'opera.

Ringrazio Alessia Moffa per il preziosissimo lavoro di editing che ha reso questo libro migliore. In tutti i sensi.

Ringrazio la professoressa Silvana Castaldi e il professor Francesco Auxilia, rispettivamente direttore della Scuola di Specializzazione in Igiene e Medicina Preventiva e direttore del Dipartimento di Scienze Biomediche dell'Università degli Studi di Milano. Molto del lavoro di ricerca e analisi necessario alla stesura è stato effettuato con il supporto dei colleghi della Scuola e del Dipartimento, e a loro sono grato per i numerosi spunti di lavoro e di approfondimento condivisi in questi anni.

Ringrazio Myriam Caranzano, Cinzia Valletta, Nicoletta Ferri e tutti i colleghi dell'Aspi (Fondazione della Svizzera Italiana per l'Aiuto, il Sostegno e la Protezione dell'Infanzia) con i quali in questi anni ci siamo occupati (e preoccupati!) di tutti i temi affrontati nel libro. È anche grazie a loro se ho potuto fare prevenzione di ottimo livello e conoscere nuove realtà di intervento, lavoro ed azione.

Infine ringrazio la mia famiglia: Barbara per l'aiuto e il sostegno che mi sa dare, ma soprattutto per la sua grande capacità di stare al mio fianco e al fianco dei nostri quattro figli in un cammino che vede così spesso integrate le nostre esperienze professionali e di vita. Sono anche molto grato a Jacopo, Alice, Pietro, Caterina, i miei quattro figli, perché rappresentano non solo il regalo più bello che la vita mi abbia fatto, ma anche uno straordinario laboratorio di ricerca e azione sull'età evolutiva, che mi ha reso un uomo migliore e, spero, anche un professionista con un'attenzione speciale nei confronti dei bisogni dell'infanzia e dell'adolescenza.

Chi desiderasse contattarmi, potrà scrivermi all'indirizzo e-mail *alberto.pellai@unimi.it* o seguirmi su FaceBook (Alberto Pellai).

BIBLIOGRAFIA

Allison, Carlie M., Hyde, Janet S., *Early Menarche: Confluence of Biological and Contextual Factors*, in «Sex Roles», vol. 68, n. 1-2 (2013), pp. 55-64.

American Academy of Pediatrics, *Policy Statement-Sexuality, Contraception, and the Media*, in «Pediatrics», vol. 126, n. 3 (2010), pp. 576-82.

Angeloni, Moira et al., *Adolescenti e contraccezione*, Atti del Congresso Nazionale "Contraccezione e Menorragia", Abano Terme, 13-15 aprile 2008.

Baldassari, Daniela, *Salute sessuale*, in *I giovani in Veneto*, s.e., s.l. 2006.

Biglan, Anthony, Metzler, Carol W., Wirt, Roger, *Social and Behavioral Factors Associated With High Risk Sexual Behavior Among Adolescents*, in «Journal of Behavioral Medicine», vol. 13 (1990), pp. 245-61.

Blanck, Heidi M. et al., *Age at Menarche and Tanner Stage in Girls Exposed in Utero and Postnatally to Polybrominated Biphenyl*, in «Epidemiology», vol. 11, n. 6 (2000), pp. 641-7.

Bonell, Chris, Allen, Elizabeth, Strange, Vicki, *The Effect of Dislike of School on Risk of Teenage Pregnancy: Testing of Hypotheses Using Longitudinal Data from a Randomized Trial of*

Sex Education, in «Journal of Epidemiology and Community Health», vol. 59, n. 3 (2005), pp. 223-30.

Brown, Jane D. et al., *Sexy Media Matter: Exposure to Sexual Content in Music, Movies, Television, and Magazines Predicts Black and White Adolescents' Sexual Behavior*, in «Pediatrics», vol. 117, n. 4 (2006), pp. 1018-27.

Chandra, Anita et al., *Does Watching Sex on Television Predict Teen Pregnancy? Findings from a National Longitudinal Survey of Youth*, in «Pediatrics», vol. 122, n. 5 (2008), pp. 1047-54.

Ciairano, Silvia, *Risk-Behaviour in Adolescence: Drug-Use and Sexual Activity in Italy and The Netherlands*, Stichting Kinderstudies, Groningen 2004.

Collins, Rebecca L. et al., *Watching Sex on Television Predicts Adolescent Initiation of Sexual Behavior*, in «Pediatrics», vol. 114, n. 3 (2004), pp. 280-9.

Crosby, Richard, Leichliter, Jami S., Brackbill, Robert, *Longitudinal Prediction of Sexually Transmitted Diseases Amon Adolescent. Results from a National Survey*, in «American Journal of Preventive Medicine», vol. 18, n. 4 (2000), pp. 312-7.

Daniels, Elizabeth A., Wartena, Hiedi, *Athlete or Sex Symbol: What Boys Think of Media Representations of Female Athletes*, in «Sex Roles», vol. 65 (2011), pp. 566-79.

Durham, Gigi M., *The Lolita Effect: The Media Sexualization of Young Girls and Five Keys to Fixing It*, in «Journal of Youth and Adolescence», vol. 40, n. 1 (2011), pp. 121-4.

Fogliani, Michela, Pellai, Alberto, *Le nuove sfide dell'educazione in 10 comandamenti. Per aiutare i nostri figli a crescere*, Franco Angeli, Milano 2012.

Foresta, Carlo, *Progetto Androlife: salute e sesso*, 21 febbraio 2014,

Padova, *http://www.associazionevenetoesalute.it/www.associazionevenetoesalute.it/uploads/foresta.pdf.*

Id., *Too Much Internet Porn May Cause Impotence*, febbraio 2011, *http://www.yourbrainonporn.com/book/export/html/363.*

Hall, Cougar P. , West, Joshua H., Hill, Shane, *Sexualization in Lyrics of Popular Music from 1959 to 2009: Implications for Sexuality Educators*, in «Sexuality and Culture», vol. 16, n. 2 (2012), pp. 103-17.

Libero News, *Piccole donne. Reggiseni imbottiti taglia 7 anni: è shock all'estero. Soltanto un gioco?*, su *www.donna.libero.it*, 23 aprile 2008.

Martino, Steven C., Collins, Rebecca I., Elliott, Marc N., *Exposure to Degrading Versus Nondegrading Music, Lyrics and Sexual Behavior Amoung Youth*, in «Pediatrics», vol. 118, n. 2 (2006), pp. 430-41.

Oliverio Ferraris, Anna, *Progetto per interventi di educazione socio-affettiva e sessuale per le scuole medie inferiori e superiori*, s.e., s.l. 2009.

Oliverio Ferraris, Anna, Stevani, Jolanda, *L'erotizzazione dei bambini nella pubblicità*, in «Psicologia contemporanea», n. 205 (2008).

Ouyang, Fengxiu et al., *Serum DDT, Age at Menarche, and Abnormal Menstrual Cycle Length*, in «Occupational and Environmental Medicine», vol. 62, n. 12 (2005), pp. 878-84.

Pellai, Alberto, *Un'ombra sul cuore. L'abuso sessuale: un'epidemia silenziosa*, Franco Angeli, Milano 2004.

Id., *Mamma cos'è l'amore. L'amore e la sessualità spiegati ai nostri figli*, Franco Angeli Editore, Milano 2007.

Id., *Il primo bacio. L'educazione sentimentale ai tempi di Facebook*, Kowalski Editore, Milano 2012.

Id., *Questa casa non è un albergo! Adolescenti: istruzioni per l'uso*, Feltrinelli, Milano 2012.

Id., *E ora basta! I consigli e le regole per affrontare le sfide e i rischi dell'adolescenza*, Feltrinelli, Milano 2013.

Pellai, Alberto, Calaba, Barbara, *Col cavolo la cicogna! Raccontare ai bambini tutta la verità su amore e sessualità*, Centro Studi Erickson, Trento 2009.

Pellai, Alberto, Tamborini, Barbara, *Il segreto di Fata Lina: per una prevenzione dell'abuso sessuale in età evolutiva*, Edizioni Erickson, Gardolo 2008.

Eid., *Lasciatemi crescere in pace! Come vivere serenamente l'adolescenza*, Centro Studi Erickson, Trento 2013.

Raphael, Dennis, *Determinants of Health of North-American Adolescents. Evolving Definitions, Recent Findings and Proposed Research Agendas*, in «Journal of Adolescent Health», vol. 19, n. 1 (1996), pp. 6-16.

Regione Lombardia, ASL di Brescia, *Affettività e Sessualità*, 2010, disponibile sul sito *www.aslbrescia.it*.

Rogers, Imogen et al., *Diet Throughout Childhood and Age at Menarche in a Contemporary Cohort of British Girls*, in «Public Health Nutrition», vol. 13, n. 12 (2010), pp. 2052-63.

Ross, James et al., *Setting Politics Aside to Collect Cross-National Data on Sexual Health of Adolescent Sexual Health in Young People - Findings from the Hbsc Study*, in «Seicus Report», vol. 32, n. 4 (2004), pp. 28-34.

Rush, Emma, La Nauze, Andrea, *Corporate Paedophilia, Sexualisation of Children in Australia*, in «Discussion Paper», n. 90 (2006), pp. 1322-5421.

Eid., *Letting Children Be Children. Stopping the Sexualisation of Children in Australia*, in «Discussion Paper», n. 93 (2006), pp. 1322-5421.

Sloane, Beverly C., Zimmer, Christine G., *The Power of Peer Health Education*, in «Journal of American College Health», vol. 41, n. 6 (1993), pp. 241-5.

Strano, Marco, Gotti, Valentina, Germani, Pasqualino, *Gli indicatori psicologici e medico-legali dell'abuso sessuale sui minori*, in «Psychomedia Telematic Review», febbraio 2001.

Styne, Dennis M., Grumbach, Melvin M., *Puberty: Ontogeny, Neuroendocrinology, Physiology and Disorders*, in Kronenberg, Henry M. et al., *William's Textbook of Endocrinology*, XI ed., Saunders, Philadelphia 2008.

Tither, Jacqueline M., Ellis, Bruce J., *Impact of Fathers on Daughters' Age at Menarche: a Genetically and Environmentally Controlled Sibling Study*, in «Developmental Psychology», vol. 44, n. 5 (2008), pp. 1409-20.

Træen, Bente, Lundin, Kvalem I., *Sex Under the Influence of Alcohol Among Norwegian Adolescents*, in «Addiction», vol. 91, n. 7 (1996), pp. 995-1006.

Vasiliu, Oana, Muttineni, Jyotsna, Karmaus, Wilfried, *In Utero Exposure to Organochlorines and Age at Menarche*, in «Human Reproduction», vol. 19, n. 7 (2004), pp. 1506-12.

Zurbriggen, Eileen L. et al., *Report of the APA Task Force on the Sexualization of Girls*, American Psycological Association, Washington 2007.

Dello stesso autore:

ALBERTO PELLAI - BARBARA TAMBORINI

I PAPÀ VENGONO DA MARTE LE MAMME DA VENERE

IL MANUALE PER I GENITORI A USO TERRESTRE

DeAGOSTINI

Dall'esperienza professionale e personale di un "marziano" e di una "venusiana" che insieme hanno fatto quattro figli (e se la stanno ancora cavando egregiamente), le sfide principali nei primi tre anni di vita del bambino, dal test di gravidanza al primo giorno di asilo, raccontate con brio "in presa diretta" e poi messe sotto la lente d'ingrandimento. Per trovare nelle differenze una sintesi felice.

Finito di stampare
nel mese di febbraio 2016
presso PuntoWeb S.r.l. - Ariccia (RM)